吉林省教育厅人文社科研究项目《吉林省东南部地区农村中小学劳动教育实
（项目编号：JJKH20210550SK）研究成果

2024年教育部产学合作协同育人项目《大中小学劳动教育实
（项目编号：231007228134929）研究成果

2024年教育部产学合作协同育人项目《产教融合背景下大中小学劳动教育教师专业素养提升路径创新》
（项目编号:231107608130117）研究成果

全人教育视域下的
劳动教育课程改善研究

—— 以吉林省东南部地区小学为例

QUANREN JIAOYU SHIYU XIA DE
LAODONG JIAOYU KECHENG GAISHAN YANJIU

叶晓婷 ◎ 著

中国纺织出版社有限公司

图书在版编目（CIP）数据

全人教育视域下的劳动教育课程改善研究：以吉林省东南部地区小学为例 / 叶晓婷著．--北京：中国纺织出版社有限公司，2024.4

ISBN 978-7-5229-1673-6

Ⅰ.①全… Ⅱ.①叶… Ⅲ.①劳动教育—课程改革—研究—小学 Ⅳ.①G623.92

中国国家版本馆CIP数据核字（2024）第074541号

责任编辑：闫　婷　　责任校对：高　涵　　责任印制：王艳丽

中国纺织出版社有限公司出版发行
地址：北京市朝阳区百子湾东里A407号楼　邮政编码：100124
销售电话：010—67004422　传真：010—87155801
http://www.c-textilep.com
中国纺织出版社天猫旗舰店
官方微博 http://weibo.com/2119887771
三河市宏盛印务有限公司印刷　各地新华书店经销
2024年4月第1版第1次印刷
开本：710×1000　1/16　印张：10.25
字数：136千字　定价：98.00元

凡购本书，如有缺页、倒页、脱页，由本社图书营销中心调换

前　言

　　劳动教育是中国特色社会主义教育制度中的重要部分，作为中国的基本教育方针很受重视。2019年6月23日中共中央、国务院印发《关于深化教育教学改革全面提高义务教育质量的意见》中明确将劳动教育纳入育人体系，以培养德智体美劳全面发展的社会主义建设者和接班人。并强调劳动教育要适应时代发展的特点，及时更新形态，同时还要依据城乡劳动教育资源分布、不同年龄段学生特点，提高针对性和有效性。2020年是劳动教育深扎根、厚基础的一年，2020年3月26日中共中央、国务院发布了《关于全面加强新时代大中小学劳动教育的意见》（以下称《意见》），认为在现在的青少年中劳动教育的价值在一定程度上被忽视，劳动教育正被淡化、弱化。对此，全党全社会必须高度重视，采取有效措施切实加强劳动教育。强调应根据各学段特点，在大中小学设立劳动教育必修课程，系统加强劳动教育。中国教育部在2020年7月7日印发了《大中小学劳动教育指导纲要（试行）》的通知，深入贯彻习近平总书记关于教育的重要论述，全面贯彻党的教育方针，落实《意见》面向教育系统特别是学校，明确劳动教育是什么、教什么、怎么教等问题，加强劳动教育实施指导。一直以来劳育与德育、智育、体育、美育"五育并举"共同助力中国青少年学生的全面健康成长。劳动教育作为五育中的一环可以帮助学生树立正确的价值观，养成正确的劳动态度，培养学生热爱劳动和劳动人民的积极健康情感，并养成良好的劳动习惯。可以为学生的文化知识学习、技能学习、道德发展提供有力保障。

　　本研究的目的在于，诊断中国吉林省东南部地区小学劳动教育课程的现状和问题，并提出基于全人理论改善本地区劳动教育课程的方案。本研究将有助于改善中国吉林省东南部地区小学的劳动教育课程，更好地实施本地区小学的劳动教育，强化小学生劳动价值和劳动技能水平，为思想品质优良、道德、知识、实践技能、体力和艺术全面健康发展提供有益的启示。

本研究是一项质与量相结合的综合研究，遵循先理论再实证最后将成果统一整合的研究思路。通过文献法对全人教育、劳动教育和劳动教育课程的相关理论认识进行分析整理。了解关于劳动教育课程与课程实施方面的研究现状，并明确全人教育、劳动教育和劳动教育课程的本质内涵、基本特征与研究动向等。运用问卷调查法对所选取的吉林省东南部地区的6所城市小学、6所农村小学的劳动教育课程教师和4~6年级的学生发放问卷进行调查。了解这个地区小学劳动教育课程的运行情况，为了使研究更准确，本研究还选取了6位小学劳动教育课程教师进行深入访谈来补充问卷调查的结果，以了解目前劳动教育课程及课程运行现状和特点。在问卷调查结果分析的基础上，结合教师的深度访谈，深刻剖析劳动教育课程实施过程中存在的问题及问题归因。最后，利用全人教育理论为指导结合吉林省东南部地区的小学劳动教育课程的现实问题，提出改善该地区小学劳动教育课程实施现状的有效性策略。

叶晓婷
2023 年 7 月 15 日

目 录

第1章 研究基础 ··· 1

  1.1 研究的必要性及目的 ································· 1

    1.1.1 研究的必要性 ································ 1

    1.1.2 研究的目的 ·································· 7

  1.2 研究问题 ·· 8

  1.3 相关概念界定 ······································· 9

    1.3.1 全人教育 ···································· 9

    1.3.2 劳动教育 ···································· 9

    1.3.3 小学劳动教育课程 ···························· 10

    1.3.4 中国吉林省东南部地区 ························ 10

第2章 研究理论背景 ···································· 13

  2.1 全人教育 ·· 13

    2.1.1 全人教育概念 ································ 13

    2.1.2 全人教育特征 ································ 15

    2.1.3 全人教育相关理论 ···························· 16

    2.1.4 全人教育理论研究动向 ························ 17

  2.2 劳动教育 ·· 21

    2.2.1 劳动教育概念 ································ 21

    2.2.2 劳动教育的特征 ······························ 24

    2.2.3 劳动教育相关理论 ···························· 27

  2.2.4 劳动教育研究动向 ·· 30

 2.3 劳动教育课程 ··· 37

  2.3.1 劳动教育课程概念 ·· 37

  2.3.2 劳动教育课程的特征 ·· 41

  2.3.3 劳动教育课程的相关研究 ·· 43

  2.3.4 劳动教育课程存在的问题 ·· 47

第3章 研究方法与研究步骤 ·· 51

 3.1 研究方法 ··· 51

  3.1.1 文献研究法 ·· 51

  3.1.2 问卷调查法 ·· 51

  3.1.3 深层访谈法 ·· 52

 3.2 研究步骤 ··· 52

 3.3 资料的收集与分析 ··· 54

  3.3.1 问卷调查 ·· 54

  3.3.2 深层面谈调查 ·· 58

第4章 吉林省东南部地区小学劳动教育课程实施情况问卷调查
    与分析 ·· 61

 4.1 吉林省东南部地区小学劳动教育课程的开设情况 ··················· 61

 4.2 吉林省东南部地区小学劳动教育课程的师资情况 ··················· 62

 4.3 吉林省东南部地区小学劳动教育课程的认识情况 ··················· 64

 4.4 吉林省东南部地区小学劳动教育课程的实施情况 ··················· 70

  4.4.1 有关课程目标的情况 ·· 70

  4.4.2 有关课程内容的情况 ·· 71

  4.4.3 有关课程教材的情况 ·· 74

  4.4.4 课程实施场所情况 ·· 75

4.4.5　课程设计与授课方式方法 ·············· 78
　4.5　对吉林省东南部地区小学劳动教育课程学生课业评价及
　　　课程评价情况 ····························· 82

第5章　吉林省东南部地区小学劳动教育课程实施情况深层访谈调查
与分析 ··· 87
　5.1　调查结果 ································· 87
　　　5.1.1　教师对劳动教育的认识 ·············· 87
　　　5.1.2　劳动教育课程实施情况 ·············· 89
　　　5.1.3　师资情况 ························· 91
　　　5.1.4　劳动教育课程现状评价 ·············· 92
　5.2　深层访谈分析方法 ······················ 95

第6章　结论和建议 ································ 97
　6.1　吉林省东南部地区小学劳动教育课程实施情况调查结论 ····· 98
　　　6.1.1　对劳动教育认识理解不充分 ············· 98
　　　6.1.2　劳动教育课程体系不健全 ············· 100
　　　6.1.3　劳动教育课程师资力量薄弱 ··········· 103
　　　6.1.4　教学组织形式固化 ··················· 105
　　　6.1.5　课程实施资源缺乏 ··················· 106
　　　6.1.6　课程评价不完善 ····················· 108
　6.2　吉林省东南部地区小学劳动教育课程改善建议 ·········· 110
　　　6.2.1　建立新劳动教育课程价值观，服务全人发展
　　　　　　总目标 ··························· 110
　　　6.2.2　立足时代背景与民族文化，将耕读文化融入
　　　　　　劳动教育 ························· 111
　　　6.2.3　发挥高层站位，打造吉林省东南部地区劳动教育

　　　　　实践基地……………………………………………… 121
　　6.2.4 从"全人教育"理念出发，探寻劳动教育课程
　　　　　落脚点……………………………………………… 125
　　6.2.5 构建高质量劳动教育教师团队，做幸福劳动教育…… 130
　　6.2.6 建立完善的课程与教师评价体系，使劳动教育
　　　　　有据可依…………………………………………… 132
　　6.2.7 做好家校社协同开展，使劳动教育真正落地生花…… 134

参考文献 …………………………………………………………… 137

附录 ………………………………………………………………… 143
　　附录1　中国吉林省东南部地区小学劳动教育类课程实施情况
　　　　　调查问卷（教师）……………………………………… 143
　　附录2　中国吉林省东南部地区小学劳动教育类课程实施情况
　　　　　调查问卷（学生）……………………………………… 149
　　附录3　教师访谈提纲 ……………………………………… 153

第 1 章　研究基础

1.1　研究的必要性及目的

1.1.1　研究的必要性

"全人教育"的英文为 holistic education，是在人本主义教学理论的基础上逐步形成并发展起来的。20 世纪 70—80 年代，西方一些人本主义学者借用生态学、系统论等理念，发展出"以人的完整发展"为核心概念的学习理论。正式提出"全人教育"概念的是美国教育家隆·米勒（Ron Miller），他还创办了全人教育出版社并发行了《全人教育评论》，即后来的《交锋：寻求生命意义与社会公正的教育》。人本主义教学理论的代表人物卡尔·罗杰斯（Carl Ransom Rogers）对何为"全人教育"进行了阐释，认为所谓"全人"即完整的个人，全人教育是以促进学生认知素质、情感素质、意志素质全面发展和自我实现为教学目标的教育。

西方的许多教育家都十分关注"全人教育"对学生智力、情感、意志、社会性、艺术性、创造力等方面的全面培养，在教学方面更强调多学科的互动与知识整合，认为"全人教育"注重人的精神世界与物质世界的平衡，培养的是具有整合思维和整体观念的地球公民。借鉴西方全人教育家的主要观点，结合我国具体情况，学者孙军对全人教育作如下界定：全人教育以儿童为核心，是以学校为主导、家庭共同参与实施的整体的、系统的教育，该教育面向全体儿童，通过课程建设、师资培训、课堂教学、综合实践活动、家长学校等途径，致力于儿童的心智与体魄的全面发展、和谐发展、持续发展。❶ 从这个概念我们可以看出"全人教育"倡导的是以学生为中心，向着完整的、和谐的、健康的、持续的学生培养目标前进的。全人教育旨在培养出完整的且能够全面发展的人才。它既注重人的健全人格、健康心理，又看重人的发展性特点，并充分发挥人的这一特点，让每个个体都可以和谐、健康、全面、持续地成长。对于学校教育来说，全人教育思想是一种注重学生德、智、体、美、劳多学科多角度培养的教育思想，是要把学生培养成为具有"高境界的理想、信念与责任感，强烈的自主精神，坚强的意志和良好的环境适应能力、心理承受能力"❷等素养的人才。这不仅是全人教育的宗旨，更是新时代合格人才的重要标准。

在《教师百科辞典》中有记述："劳动教育作为学生教育不可缺少的一部分，是一种与人的日常生活劳动、生产劳动和服务性劳动等多方面劳动结合的教育活动，要向受教育者传播劳动知识和技能，培养正确的劳动观点、劳动习惯和劳动情感。"劳动教育不仅是对学生进行劳动技术和能力方面的培育，还是对学生养成良好劳动习惯的培养，更重要的是使学生树立正确的劳动价值观，发自内心地产生热爱劳动与尊重劳动人民的道德情感。劳动是教育的起源，劳动教育具有非常重要的意义与价值，为学生的道德发展、智力发展、文化知识学习、技能学习提供有力保障。关于劳动教育，我国一直视为教育的重要部分，习近平总书记对劳动和劳动教育发表了一系列重要的观点和论述：2013 年，习近平总书记提出"三爱"教育观，即"爱学习，爱劳动，爱祖国"；2014 年，提出要弘扬"劳动光荣、技能宝贵、创造伟大"的时代风尚；2015 年，发出了"以劳动托起中国梦"的时代号召；2018 年，习近平总书记强调，要在学生中弘扬劳动精神，教育引导学生崇尚劳动、尊重劳动，懂得劳动最光荣、最崇高、最伟大、最美丽的道理❸。2019 年 6 月 23 日，《中共中央、国务院关于深化教

---

❶ 高佳，谭分全. 全人教育理念下高校体育教学的实践探究［J］. 体育科技文献通报，2019（7）：33.
❷ 魏清. 全人教育视野下的有效教学［M］. 北京：社会科学文献出版社，2012：10.
❸ 姜大源. 刍议新时代劳动教育的时空构建［J］. 国家教育行政学院学报，2020（6）：43-50，57.

育教学改革全面提高义务教育质量的意见》中明确将劳动教育纳入育人体系，以培养德、智、体、美、劳全面发展的社会主义建设者和接班人。2019年11月26日，中央全面深化改革委员会第十一次会议审议通过了《关于全面加强新时代大中小学劳动教育的意见》，强调劳动教育是中国特色社会主义教育制度的重要内容，要把劳动教育纳入人才培养全过程，贯通大中小学各学段。从2020年开始将新时代大中小学劳动教育提到了更重要的位置：在2020年3月26日，中共中央、国务院发布了《关于全面加强新时代大中小学劳动教育的意见》，认为在现在的青少年中，劳动的独特育人价值在一定程度上被忽视，劳动教育正被淡化、弱化。对此，全党全社会必须高度重视，采取有效措施切实加强劳动教育。认为根据各学段特点，在大中小学设立劳动教育必修课程，系统加强劳动教育。2020年7月7日，教育部印发了《大中小学劳动教育指导纲要（试行）》，深入贯彻习近平总书记关于教育的重要论述，全面贯彻党的教育方针，落实《中共中央 国务院关于全面加强新时代大中小学劳动教育的意见》，面向教育系统特别是学校，明确劳动教育是什么、教什么、怎么教等问题，加强劳动教育研究与指导。劳动教育可以使学生树立正确的劳动观和劳动态度，从小形成热爱劳动和劳动人民的情怀，并培养劳动习惯，这对学生价值观的形成及实践能力的养成都至关重要。

新时代，劳动教育既表达着教育促进学生全面发展的承诺，更肩负着实现国家教育理想、推进社会进步的责任。课程是教育活动的核心载体，教育活动是课程的生动演绎。❶ 如何将劳动教育在小学阶段落地落实是一个需要关注的问题，小学阶段是学生价值观、道德情感形成的关键时期，也是进行劳动教育的黄金时期。劳动教育课程是在小学教育阶段实施劳动教育的重要依托点，其能否顺利有效开展将决定小学劳动教育的实施效果。《关于全面加强新时代大中小学劳动教育的意见》中强调要整体优化学校课程设置，将劳动教育纳入中小学课程方案和职业院校、普通高等学

---

❶ 熊晴. 指向具身认知的中小学劳动教育课程实施研究 [D]. 重庆：西南大学，2020.

校人才培养方案，形成具有综合性、实践性、开放性、针对性的劳动教育课程体系。劳动教育课程的重要性得到了国家、社会与学校的高度重视，许多地区教育管理部门开始稳步推进劳动教育课程创新与改革工作，一些学校也开始根据地区特点及学校资源因地制宜、因时制宜地构建具有本地区、本校特色的劳动教育课程体系。全国各地小学也掀起了创建校本劳动教育课程的热潮。现阶段小学劳动教育课程呈现出特色性强、活动性强、育人性强的特点，但不少地区的小学劳动教育课程还存在一定的问题，如学校仍然没有意识到劳动教育课程的重要性，课程被边缘化；没有建立规范科学的劳动教育课程体系，劳动教育活动目的性、教育性欠佳；缺乏专业的劳动教育专任教师，任课教师不被重视；缺少劳动教育课程资源，场域受限，校社联合度不够；家庭重视度低，无相应的家庭劳动教育与之配合，等等。总之，在许多小学中，劳动教育课程的重要度与其受重视度呈现不匹配的情况较多，这是需要积极解决的一个问题。在"全人教育"基础上实施劳动教育可以为劳动教育课程建设与完善提供理论支撑，为劳动教育实施提供目标。可以更好地处理劳动教育课程与其他课程的关系，更好地达成劳育与智育、德育、体育、美育的完美融合，为培养全面发展、健康自信的学生提供助力。

"全人教育"思想与我国坚持的学生教育培养目标有着相似的内涵。"纵观我国教育目标走向，从素质教育再到核心素养，虽出现了不同的表述，但其精神实质和核心价值是一脉相承的：即坚持教育目的的社会主义方向，坚持德智体美劳全面发展的人才观。"[1] "全人教育"关注学生智力、情感、社会性、物质性、艺术性、创造性与潜力的全面发展。追求培养既具有社会价值又具有自我价值的健全人格的人才。作为一种教育理论和观点，"全人教育"是中外教育家们追求的一种理想教育。学校课程作为"全人教育"实施的理想途径，两者相结合的研究逐渐增多，"全人教育"思想和理念指导下的课程可以让每一位学生观察、感受、思考和体悟学校

---

[1] 童宏保，高涵，谈丰铭. 从"全人教育"到"人的全面发展"辨析 [J]. 中小学德育，2018 (12)：8-13.

的生活与教育的总体性。这种课程是在生活总目标的指引下将各学科进行朴素而紧密的联合，课程中既包括天文、地理等科学知识，又包括风土人情等实用知识，目的是使学生既能掌握生活中的知识，又能将其运用到生活中。不同学科知识从不同的视角可以相互补充、相互融合。全人教育的课程不仅仅是一门学校课程，还应适应社会的目标导向，做到学校与社会紧密联系。全人教育课程的内容涉及丰富多彩的生活，生活又处于千变万化中，因此在设计关于生活的课程时，并没有固定的规则和确定的内容，只提供一些教师在任何时候都可使用的通用的模型、指导和策略。这些课程观点非常适合劳动教育的开展，劳动教育不只具有培养学生的劳动技能这一种单一的能力，同时还担负着培养学生的情感、社会性、物质性、创造性以及潜力等各方面能力的责任，而且好的劳动教育课程不仅需要学校的付出，更需要家庭和社会的配合与支持。如何将这些能力培养融合在劳动教育课程中需要有"全人教育"理论作为指导和引领。将"全人教育"与劳动教育课程相结合具有很好的研究意义。

作为"五育"中的重要部分，劳动教育既贯穿在德智体美中，又是德智体美的依托。劳育不应该再像从前一样排在德育、智育、体育、美育等课程的后面，作为被忽视的一门课程。劳动教育课程应发挥其在其他教育中的贯穿作用，以劳育促进德育、智育、体育、美育等方面的发展。首先，劳动教育课程本身就具有德育的功能。劳动教育倡导的是以热爱劳动、热爱劳动人民为中心的价值观，劳动教育课程是一种可以培养学生勤劳、勇敢、踏实、正直、友爱的质朴教育课程。其次，劳动教育课程中渗透了许多学科的知识，与智育紧密联系。劳动教育课程与其他学科课程是相辅相成的关系，其他学科课程中蕴藏着丰富的劳动教育资源，同样劳动教育课程中也囊括着语文、地理、天文、历史、数学、自然等学科知识。劳动教育课程的科学开发将促进学生身心智力的健康发展。再次，劳动教育课程中包含着体育属性，劳动教育不仅是情感与价值观的培育，更重要的是让学生掌握一定的劳动技能，真真切切地投入家务劳动、学校劳动甚至是生产生活劳动中，这些劳动可以增强学生的体质，提高学生的身体素质。最后，劳动教育课程具有美育的功能，其在学生的心中播下了一颗美的种子，让学生深刻地领会到为什么说劳动最美丽、劳动人民最美丽，并教会学生如何用双手与大脑创造美丽的生活。

关于劳动教育课程的研究，近些年多集中在课程的构建与重构、课程意义与价值等方面。关于劳动教育课程存在问题与改善措施方面的研究虽然有一些，但大多是进行相关方面的同一种概述，研究存在笼统性特征。劳动教育课程具有地域性特征及学年区别性特征，其他地区的相关研究对吉林省东南部地区的小学劳动教育课程的借鉴价值比较小，笔者是吉林省东南部唯一一所大学——通化师范学院小学教育专业的教师，对于本地区小学劳动教育的开展情况比较了解和关心，致力于改善本地区劳动教育课程以促进本地区小学的劳动教育实施。关于吉林省东南部地区小学劳动教育课程的改善研究目前仍属于空白，空白不代表该地区不需要此项研究，在中国政府加强学校劳动教育的指导下，该地区小学劳动教育课程改善类研究是目前急需开展的。本研究可以填补此空白，并为该地区小学劳动教育课程的完善以及劳动教育的高质量开展提供保障，具有理论价值和实践价值。

理论价值体现在：第一，完善"全人教育"基础上劳动教育课程实施的理论体系。关于学校劳动教育课程体系的建立和完善显得越发必要。理论认识的不足与缺乏必然会导致课程建设与实施活动的不足，久而久之便偏离了各地推进劳动教育课程实施的真正目的。因此，本研究通过对吉林省东南部小学劳动教育课程实施的现状进行调查，试图将"全人教育"理论和地方劳动教育课程改善进行理论整合，进而寻得相关研究的理论增长点，赋予吉林省东南部地区小学劳动教育课程构建更高的价值，突出劳动教育在小学学校教育中的意义与价值定位。第二，拓宽"全人教育"理论基础上的地方劳动教育课程改善的指导思路。"全人教育"理论指导下的地方劳动教育课程改善依托于"全人教育"理论所倡导的"在尊重人的整体性与能动性的前提下，关注学生的潜在能力，促进学生智力、情感、实践、道德、群性、体能、艺术和精神的提高"，帮助学生"塑造性格、广泛学习社会知识及技能，养成独立思考能力和解决个人问题的能力、形成崇高的道德意识和社会意识。"❶ 这不仅对吉林省东南部地区的劳动教育研究具有参考与指导价值，而且对其他地方的劳动教育研究具有理论借鉴意义。第三，发展小学劳动教育的研究方向。"全人教育"理论是一个世界化视角理论，从这个角度分析小学劳动教育可以站在更高的理论层次进行指导，在丰富小学劳动教育既有文献的基础上，为小学区域性有效开展劳动教育提供理论指南。

实践价值体现在：第一，共享"全人教育"理论引导改善小学劳动教育课程经验。本研究将"全人教育"与地方小学劳动教育课程改善实践活动相连接，不仅为吉林省东南部地区小学劳动教育的有效实施提供课程支撑，以促进小学劳动教育革新，落实党和国家有关劳动教育方针的具体举措，形成传承中华民族劳动美德的教育场域；更为"全人教育"理论的实践与应用拓宽思路，为其他地区小学劳动教育研究提供实践经验，以达到有效地分享、交流、互鉴和共同发展。第二，打造"全人教育"与劳动教育的联动空间。在"全人教育"理论基础上构建的劳动教育，是一种知识与行动合一的身心和谐式教育、身体参与的具身劳动式教育、贴近生活的劳动体验式教育。二者相互联动有助于全人教育的落地生根和劳动教育的有效进行。第三，探寻地方劳动教育课程实践的改善路径。本研究基于对吉林省东南部地区劳动教育课程实施现状的总结与梳理，试图在厘清其发展脉络的基础上优化其实践路径，在针对性提升吉林省东南部地区小学劳动教育课程实践有效性的同时，能够给其他地区的地方课程实践提供参考。

1.1.2 研究的目的

本研究的目的在于，分析吉林省东南部地区小学劳动教育课程的现状和问题，并提出改善劳动教育的方案。为此，本研究将以"全人教

---

❶ 刘琦. 北师港浸大全人教育课程设置研究［D］. 哈尔滨：哈尔滨师范大学，2020.

育"理论为基础，通过问卷调查和深入面谈分析吉林省东南部地区小学劳动教育课程，了解其存在的问题和原因，并提出改善方案。本研究将有助于改善吉林省东南部地区小学劳动教育课程，更好地实施本地区小学劳动教育，提升小学生劳动价值和劳动技能水平，为思想品质、道德、知识、实践技能、体能和艺术全面健康发展提供有益的启示。本研究立足于具体区域劳动教育课程改善活动，经过理论与实践的整合完善并优化其实践路径，使构建的理论体系能够在实践活动中得以验证，也让课程实践在理论审视中不断优化，能够相互观照，共同推进区域劳动教育课程改善活动。

1.2 研究问题

本研究遵循信息公开制原则，以查阅与"全人教育"理论及劳动教育理论、劳动教育课程、小学劳动教育等相关的文献资料为基础，以吉林省东南部地区小学劳动教育课程为调查对象，对任课教师和学生进行问卷调查，并对被调查学校任课教师进行深入访谈。通过对吉林省东南部小学劳动教育课程现状进行实地了解及深入分析，发现吉林省东南部地区小学在劳动教育课程实施过程中存在的问题，并进行归因分析。在"全人教育"理论指导下积极发挥劳动教育课程在思想教育、技能教育、素质教育、创新教育、体质教育、艺术教育等方面的作用，对吉林省东南部地区小学劳动教育课程进行合理改善。

为达到研究目的，具体研究问题如下：

第一，吉林省东南部地区小学劳动教育课程的现状及特征如何？

第二，吉林省东南部地区小学劳动教育课程存在的问题及原因是什么？

第三，以"全人教育"为基础的吉林省东南部地区小学劳动教育课程改善方案是什么？

1.3 相关概念界定

1.3.1 全人教育

本研究关于"全人教育"的定义主要引申自北京师范大学-香港浸会大学联合国际学院（以下简称北师港浸大）对"全人教育"的定义："全人教育关注每个学生的智力、道德、体能、社交、情感、审美和精神潜质的提升。旨在帮助学生塑造性格、广泛学习社会知识及技能，养成独立思考能力和解决个人问题的能力、形成崇高的道德意识和社会意识。"认为全人教育是在尊重人的整体性与能动性的前提下，关注学生的潜在能力，促进学生智力、情感、实践、道德、群性、体能、艺术和精神的提高，帮助学生"塑造性格、广泛学习社会知识及技能，养成独立思考能力和解决个人问题的能力、形成崇高的道德意识和社会意识。"[1]

1.3.2 劳动教育

"劳动"一词属于哲学范畴，也具有一定的经济属性。马克思认为"劳动是人类有目的的活动，劳动首先是人和自然之间的互动过程，是以人的自身活动来引起、调整和控制人和自然之间的物质变换过程"。对劳动教育可以从广义和狭义两个角度进行理解。从广义角度出发，劳动教育泛指人类从事的一切与生产生活有关的教育活动；从狭义角度出发，劳动教育是指在学校中依据学生身心发展规律，有目的、有计划地实施的一种劳动相关知识与技能、道德与情感价值等的教育，是学生"五育"中的一个重要环节，是促进学生全面、健康发展的教育活动。

本研究中劳动是指日常生活劳动、生产劳动、服务性劳动。劳动教育

---

[1] 北京师范大学-香港浸会大学联合国际学院官方网站［EB/OL］.（2016-04-18）［2021-1-26］. https://www.uic.edu.cn/about_us.htm.

是指符合中共中央、国务院及相关部门提出的劳动教育内容，由学校有目的和有计划进行的教育，有助于学生树立正确的劳动观念，使学生懂得劳动的伟大意义，培养学生热爱劳动和劳动人民的情感。学习是学生的主要劳动，应教育学生从小勤奋学习，将来担负起艰巨的建设任务。

1.3.3 小学劳动教育课程

本研究依据《辞海》中对课程的定义，认为课程即教学的科目。❶ 小学劳动教育课程指的是对小学生进行劳动教育的这一教学科目。

关于小学生劳动教育这一概念，与劳动教育不同的是将教育对象限定为小学生，在符合小学生身心发展规律的基础上，依照劳动教育标准，通过学校、家庭和社会，对小学生实施的一种关于劳动技能与劳动知识、劳动道德情感与劳动价值观的教育。旨在培养当代小学生正确的劳动价值观、劳动习惯，理解新时代背景下劳动的内涵及意义，能够热爱劳动并尊重劳动者，用劳动创造美好生活。

小学劳动教育课程因为要符合小学生的身心发展特点，在课程设计上具有"重劳动观念和态度，轻劳动技能"的特点。劳动教育课程是小学基础课程之一，各地区小学劳动教育课程一般是将国家或地区对劳动教育的要求进行融入或渗透，因地制宜构建的具有地方特色或学校特色的劳动教育课程。本研究中的小学劳动教育课程是小学中一门培养学生热爱劳动、珍惜劳动成果、热爱劳动人民，树立正确的劳动价值观，并使学生初步掌握一定的劳动技术技能与劳动知识，形成劳动素养的科目。其以劳动实践活动为主要依托，以综合育人为导向，是一门旨在促进当代小学生全面健康发展的劳动教育类课程，包括课程目标、课程内容、课程实施与课程评价4个方面。

1.3.4 中国吉林省东南部地区

吉林省位于中国东北中部，全省有9个市（州），为长春市（省会）、

---

❶ 辞海编辑委员会. 辞海（教育、心理分册）[M]. 上海：上海辞书出版社，1980：5.

吉林市、四平市、松原市、白城市、辽源市、通化市、白山市和延边朝鲜族自治州，另直管梅河口市、公主岭市2个县级市。吉林省东南部地区包括通化市和白山市2个城市。其中，通化市下辖东昌区、二道江区2个区，通化县、柳河县、辉南县3个县，代管集安市、梅河口市2个县级市。白山市下辖浑江区、江源区2个区，临江市1个县级市，抚松县、靖宇县、长白朝鲜族自治县3个县。吉林省东南部地区多山脉，属于山区。

第 2 章 研究理论背景

2.1 全人教育

2.1.1 全人教育概念

"全人教育"翻译成英文为 holistic education 或 whole person education。"全人教育"是培养完整的、发展的、全面的人的一种教育，强调人的整体性与发展性，反对只注重人的部分发展及关于"怪才""偏才"的培养。"全人教育"将教育作为一种培养"全人"的手段，教育是以人为中心的，而不是以教材、知识等为中心的。"全人教育"理论是在人本主义教学理论基础上形成并发展起来的，是建立在人性论、人本论基础之上的科学理论。人本主义教育家罗杰斯曾指出："现实的教育是一种知、情严重分离的教育，而情感和认知是人类精神世界中不可分割的部分，是彼此融合的，教育的目的不仅是教学生知识或谋生的技能，更重要的是针对学生的情意需求，使其在认知、情感、意志等方面均衡发展，培养健全人格。"[1]罗杰斯认为教育不仅仅是知识与技能的简单灌输，更是满足学生"情意"的需要，主张培养意志、情感、认知、技能、知识全面均衡发展的拥有健康、完全人格的人。"'全人教育'是一种整合以往'以社会为本'与'以人为本'的两种教育观点，形成既重视社会价值，又重视人的价值的教育新理念。这是一种理想的教育观念，也是中外教育家的一种理想追求"[2]。

---

[1] 张艳丽，李姝丽，杨森林，等. 实施本科生全程导师制 实现高校师生关系新面向——以西安文理学院"课程思政工作坊"为例 [J]. 科教导刊，2023（7）：90-92.
[2] 徐春喜. 新时代韩语专业全人教育实施路径探索 [J]. 韩国语教学与研究，2022.

20世纪70年代，受人本教育学派理论的影响，西方一些教育理论激进派借用生物学、系统论、西方精神理论传统等概念发展出"以人的完整发展"为核心概念的学习理论。20世纪70年代末，美国的隆·米勒在总结和发展先前学者的"全人教育"相关观点的基础上，首次正式提出"全人教育"概念，他认为全人教育是"所有学生和教师共同学习和成长的发现、表达和掌握多层面经验的旅程"。❶ 这里可以看出隆·米勒认为"全人教育"是师生共同发展与完善的过程，并不是以教师为中心的一种简单知识灌输，他把教育形容为一种旅程，是一种快乐的成长过程。

日本教育家小原国芳（Obara Kuniyoshi）在前人的基础上提出了关于全人教育的理论体系，并将其理论体系运用到教育实践中，创建了玉川学园，在学园中实施"全人教育"理念，以培养"全人"为教育目标。他提出"教育的内容必须包含人类的全部文化，因此教育必须是绝对的全人教育，即'完全人格'与'和谐人格'的教育"。❷ 小原国芳认为教育应该注重整体性，不应该单纯强调德、智、体、美、劳或宗教的任一教育，"理想的教育应包含人类的全部文化，理想的人应是全人，应具备全部人类的文化，即培养真（学问）、善（道德）、美（艺术）、圣（宗教）、健（身体）、富（生活）全面发展的人。"❸

中国台湾学者吕俊甫对"全人教育"与人的发展进行了研究，在1982年编写了《发展心理与教育全人发展与全人教育》一书，并从发展心理学角度深入剖析人的全面发展与教育的关系，认为全面发展应该包括"身体、智慧、群性、德性、情绪诸方面的发展"。并在此基础上将"全人教育"定义为"关注每个学生身体、智力、道德、体能、技能、艺术以及社交等多方面潜能的提高，以培养学生养成高尚的道德品质、健全的人格，学习社会知识及技能以及善于思考与解决问题的能力为目

---

❶ 刘琦. 北师港浸大全人教育课程设置研究 [D]. 哈尔滨：哈尔滨师范大学，2020.
❷ 童宏保，高涵，谈丰铭. 从"全人教育"到"人的全面发展"辨析 [J]. 中小学德育，2018（12）：8-13.
❸ 刘向阳. 不断寻找人生发展的动力源 [J]. 河南教育（教师教育），2022（3）.

的的教育"。❶

2005年创校的北师港浸大结合学校特色开设了系统的全人教育课程并取得了丰硕的成果，北师港浸大对"全人教育"提出了符合自身办学理念的定义："全人教育关注每个学生的智力、道德、体能、社交、情感、审美和精神潜质的提升。旨在帮助学生塑造性格、广泛学习社会知识及技能，养成独立思考能力和解决个人问题的能力、形成崇高的道德意识和社会意识。"❷

全人教育相比每个人的特长塑造更关注人的全面发展，所谓人的全面发展包括"个人的智力、身体、情感、创造力、社会性、艺术性、创造性与潜能的全面发掘。与之前的教育思想相比，全人教育更加注重人的内在培育，教育的核心内容是培养'全人'，关注人的内在情感体验与人格的精神性与物质性的统一。"❸

2.1.2 全人教育特征

"全人教育"思想基于的世界观是系统的生态世界观，是一种自然与人类生活和谐发展的世界观，强调的是一种整体视野，追求全面性和系统性。"全人教育"思想认为每个人都处于发展中，都有一种潜在的有待挖掘的力量。在"全人教育"理念下的学生不是被动地单纯接受知识的一方，而是具有独立思想、能动性的主体，充满无限发展潜能，通过教育可以引导学生不断进行自我发展，向"完善"的人、"完全"的人发展。

全人教育关注经验性习得，而不是单一的"基本技能"，它强调教育的可塑性和长期性，认为教育是一种发现，是一种关系的建立，随着视野的开阔，与社会、与世界建立关系，探寻真正的奥义，这种与世间万物的联系以及对真理的探寻远远超过了传统的课程、教材和应试考试的有限

---

❶ 吕俊甫. 发展心理与教育：全人发展与全人教育[M]. 台北：台湾商务印书馆，1982：2.
❷ 北京师范大学-香港浸会大学联合国际学院官方网站[EB/OL]. (2016-04-18)[2021-1-26]. https://www.uic.edu.cn/about_us.htm.
❸ 谭敏，范怡红. 西方当代全人教育思想探析[J]. 外国教育研究，2006(9)：48-51.

视野。

全人教育反对传统教育的僵化。传统教育强调以教师为主体，认为教育的过程是教师向学生传授知识的过程，学生处于被动接受知识的地位。传统教育存在僵化性与机械性。全人教育主张，教育过程的各要素之间存在动态生成的关系，指定的教材并非教学过程中必须遵从的，教学内容是在师生互动中建构起来的。全人教育对课程的定义十分宽泛，认为课程是生活的所有表现形式，而生活是鲜活的、多姿多彩的，是变动不居的，师生互动过程中的经验、学生个人的体验都可以成为课程的一部分。

全人教育强调理念的多元化、系统的不固定性，许多学者也对此提出了很多疑问，概念之间存在诸多歧异、理论如何与实践结合也成为落实全人教育面临的重要问题。理论的泛化既是全人教育的一个缺陷，但同时也赋予全人教育较强的整合能力，以及在不同文化背景下发展全人教育理论的可能性。由于全人教育理论重视从全人类与全球的视角思考问题，所以它特别强调人类文化的平等与多元，认为全人教育在不同的文化背景下必定会衍生出不同的方法论，且大力鼓励各国各地区根据自己的文化背景发展有自身特色的全人教育理论。

关于全人教育的特征还体现在其教育目的方面，全人教育是以促进学生认知素质、情感素质、意志素质全面发展和自我实现为教学目标的教育，既强调人的社会属性，又强调人的自我价值。全人教育以培养有道德、有知识、有能力、和谐发展的"全人"为目标，注重学生的人文精神成长，是一种具有大格局、整合思维的教育理论。

2.1.3　全人教育相关理论

人本主义学习理论是建立在人本主义心理学的基础上的一种教育理论。对人本主义学习理论产生深远影响的是美国心理学家马斯洛（A. H. Maslow）和罗杰斯。人本主义心理学认为，不应该将人的心理肢解成若干部分进行研究，相反，应该将其视为一个整体。在这种心理学观点下衍生出的人本主义学习理论也十分注重人的整体性，关注学习者的整个学习历程，以及人的关于意志品质、情感、身体、心理的全面发展，"注重引导启发学习者的经验和创造潜能，引导其结合认知和经验，肯定自我，进而自我实现。人本主义学习理论重点研究如何为学习者创造一个良好的环境，让其从自己的角度感知世界，发展出对世界的理解，达到自我实现的最高境界。"❶

人本主义教育强调人性的重要性，呼吁尊重人性，信任人性。人类发展应自然地朝向"自我实现"，就是获得自己最高的思维、道德、精神潜能，这直接挑战了美国潜藏在文化传统中的科层制、权威主义以及控制性教育官僚体制。"人本主义教育学以发展人的潜能、满足自我实现需要作为教育的最高目的，强调个体的独特性与重要性"❷，反对学校根据社会的某种目的来塑造学生，这与全人教育的观点在一些方面达成了一致。受人本主义思潮的影响，一些全人教育学者对当时美国教育也进行了十分严厉的批判，如乔治·布朗（George Brown）认为，"任何国家或机构为了自己的目的去压制、阻碍和扭曲个体的巨大潜能的行为，都是罪恶和无用的。"在人本主义思潮风行一时的年代，受其影响的教育家成为全人教育的最早倡导者，20世纪80年代的全人教育很难与人本主义教育截然分开，甚至可以说，全人教育正是脱胎于人本主义教育，有时候全人教育"也被视为人本教育学派的分支"。不过，人本主义教育更加强调"学习的情感一面"和"学生的自尊"。

2.1.4 全人教育理论研究动向

(1) 国外关于全人教育的研究

研究全人教育的国外代表性学者主要包括隆·米勒、小原国芳、约翰·米勒（John Miller）、卡罗·福雷克（Carol L. Flake）、D. 杜特（D. Dudty）和 H. 杜特（H. Dudty）等。20世纪70年代末，美国全人教育家隆·米勒

---

❶ 王凯东. 构建初中思想品德课堂学习共同体探析 [D]. 苏州：苏州大学，2011.

❷ 刘云，谢少华. 全人教育以人为本的理念及其对中国教育思想的启示 [J]. 贵州社会科学，2017（3）：93-98.

首次提出"全人教育"的概念，1988年，隆·米勒在美国佛蒙特州布兰顿市创办了专门研究全人教育的期刊《全人教育评论》（后改名为《交锋：寻求生命意义与社会公正的教育》）。1990年6月，80位支持全人教育的学者在芝加哥签署《教育2000：全人教育的观点》，提出全人教育的十大原则[1]：①教育最主要、最根本的目的是培育人类发展的内在潜能。②每个学习者都是独特且有价值的，每个个体都内在地具有创造性，有独特的身体、情绪、智力和精神需求及能力，拥有无限的学习能力。③教育是经验的产物，学习是一种积极的、多种感官参与的个体与世界间的互动过程。④重视教育过程的完整性，完整性意味着每个学科应为丰富的、复杂的、整合的生活现象提供一个不同的视角。为达此目的，教育机构必须转型，政策应有相应的改变。⑤教育者应当是学习的支持者，学习应当是有机的、自然的过程，而不是教师根据社会的要求生产出某种产品。⑥在学习的所有阶段，都必须提供选择的机会。⑦建立真正的民主教育模式，使所有公民能够以有意义的方式参与到社区和全球的生活中。⑧无论是否意识到，每个人都是全球公民，教育应培育一种对人类经验伟大差异性的欣赏。⑨教育必须从它与生活的一切形式的深刻关联中有机地生发出来，必须重新点燃人类与自然世界的关系，人类与自然界是相互共存的伙伴，人类不应当把自然视为可开发的资源。⑩人最重要、最有价值的是他内在的、主观的生命——自我或者说灵魂。教育必须滋养人的精神性生活，使其健康成长，而不能通过无休止的评价和竞争伤害它。此后，全人教育的研究引起热潮。

日本学者小原国芳认为，全人教育应该包含人类的全部文化，由学问、道德、艺术、宗教、身体和生活六个方面组成，是"完全人格"与"和谐人格"的教育。"学问的理想是真，道德的理想是善，艺术的理想是美，宗教的理想是圣，身体的理想是健，生活的理想是富。教育的理想就是创造真、善、美、圣、健、富这六种价值。前四项为'绝对价值'，因

---

[1] Ron Miller. What Are School For? Holistic Education in American Culture [M]. Brandon, VT: Holistic Education Press, 1997: 206-207.

为它们是关涉精神方面的价值；后两项是'手段价值'，因为它们是关涉维持身体方面的价值。也就是说，全人教育旨在培养智（真）、德（善）、美、圣、体（健）、劳（富）全面发展的人"。[1] 小原国芳的全人教育思想以学生为中心，他相信并尊重每个学生的独立个性和能动性，认为教育旨在促进学生的"智（真）、德（善）、美、圣、体（健）、劳（富）"的全面发展。学校和教师的任务是帮助每一个独立个体，引导学生完成这种全面的、和谐的、健康的发展，但是他的全人教育理论又强调宗教性，在他所倡导的全人教育思想中包含了很多宗教唯心主义的色彩，这也是其理论的不科学之处。

日本学者吉春中川（Yoshiharu Nakagawa）的多本著作阐述了东西方融合后的全人教育理念。巴西教育家卡罗·福雷克发表了《全人教育——原则、观点及实践》，系统论述了全人教育理论。澳洲全人教育的引导者、澳大利亚学者 D. 杜特（D. Dudty）和 H. 杜特（H. Dudty）共同发表了专著《全人教育：澳大利亚的探索》，美国学者爱德华·克拉克从全人教育的课程观出发，提出以学生为中心的整合型课程设计理念并出版《整合型课程的设计与实现：以学生为中心》等全人教育重要论著。各位学者从不同角度展现了自己的全人教育基本观点，对全人教育的理论发展做了十分有价值的探索和研究。全人教育思想为推动教育的现代化与科学化发展做出了重要贡献，使人们重新审视了教育的真正目的应该是什么。

(2) 我国关于全人教育的研究

我国关于全人教育理论的相关研究是从 20 世纪 80 年代开始的，许多学者从全人教育的理论内涵、实践应用、对中国教育的启示等方面展开了研究和论述。我国台湾学者吕俊甫和李亦园较早对全人教育的内涵概念进行了阐释，吕俊甫认为"促进全人发展的教育，可称为全人教育。全人发

---

[1] 童宏保，高涵，谈丰铭. 从"全人教育"到"人的全面发展"辨析 [J]. 中小学德育，2018 (12)：8-13.

展才是理想的发展，全人教育才是理想的教育。"[1] 李亦园指出"全人教育应包含贯通性、整全性、多元多样性三个方向。"钟启泉、刘宝存、谢安邦、张东海等学者陆续对全人教育的理论内涵进行了多角度、深层次的研究和解析，谢安邦、张东海在2011年主编的《全人教育的理论与实践》以全人教育思潮为研究对象，较全面地考察和梳理全人教育思潮产生的社会背景、演进逻辑、基本主张、衍生演变以及实践走向，并深刻分析了全人教育的两面性，为思考当前我国教育中存在的问题、探讨我国教育的改革方向提供一些新视角。

除对理论内涵的深入探讨外，很多学者将全人教育思想与我国各级教育进行了紧密的连接，对于全人教育与高等教育相关的研究，我国香港地区和台湾地区的一些学校较早地引入了全人教育思想，或作为学校课程开设的核心指导思想，或作为学校办学宗旨。谢安邦在2009年主编的论文集《全人教育理念与和谐社会建设》中，以全人教育视角分析了高校的素质教育与和谐社会建设的关联。王博（2020）在《全人教育视角下的高校"课程思政"建设》中从全人教育的视角探讨高校"课程思政"建设，对于推进"课程思政"建设具有较强的现实意义。王泽淳（2021）在《全人教育视角下高校课程思政建设探索》中分析目前高校在课程思政建设中存在的问题，探究全人教育视角下高校应如何优化课程思政。李燕群（2023）在《应用型本科高校"全人教育"体系构建的路径》中提出了高校"全人教育"体系构建的五大路径。

关于全人教育理念与基础教育的研究也成果颇丰，学者们围绕全人教育思想下的教师培养、课程建设、学科教学改进、学校建设等方面对全人教育思想与初等教育融合发展进行了研究。教师培养方面，如张润杰、王智秋（2020）在《从角色定位看小学全科教师——基于全人教育视角》一文中提到，"从全人教育视角来看，小学教师承担班级管理、知识传授、资源协调、教育研究、健康促进等多重任务"，并进一步分析了小学全科

---

[1] 吕俊甫. 发展心理与教育：全人发展与全人教育[M]. 台北：台湾商务印书馆，1982：导论.

教师的基本素养。课程建设方面，如江杰华（2017）的《开拓全人教育课程，提升办学品质》以福州市交通路小学为例，探讨学校如何实施全人课程，提升办学品质。胡松涛、唐燕（2020）在《构建全人课程体系，助推学校高品质建设》中提出构建全人课程支撑全人教育。陈楠（2022）在《全人教育背景下小学统整课程的价值及实现路径探析》中提到"应从全人教育视角宏观地审视与诊察统整课程的意义价值，重新定位小学阶段的统整课程，深耕课程内在质量提升，培养全科教师，组建强劲稳定的课程团队。"学科教学改进方面，如谢莹莹（2020）在《"全人教育"背景下语文教学融入"立德树人"的实践》中以本溪市明山区联丰小学为例，论述了如何运用"全人教育"理论融入语文教学，坚持以"立德树人"为根培养当代小学生。陆爱强（2023）在《"全人发展"视角下农村小学创客教育的实践探究》中结合徐舍小学近几年创客教育的一些措施和方法，介绍农村小学实施创客教育的有效策略。学校建设方面，如王洪军（2019）在《全人教育办学探索与实践》中介绍了新太小学如何以"全人教育"为办学理念，培养全面发展的学生。牟成梅等（2020）在《北京市陈经纶中学：实施全人教育，探索德育落点》中论述了北京市陈经纶中学在实施全人教育过程中如何紧跟时代步伐，落实学校德育教育。此外，还涉及学生培养、课程评价等诸多方面，许多学者都进行了较深刻的研究并发表了相关观点。

关于全人教育还有其他方面的研究。例如，关于全人教育的本土化、本地化、本校化研究、全人教育与政策的研究、全人教育与人才培养、全人教育对行业企业的指导等。

2.2 劳动教育

2.2.1 劳动教育概念

在《教育大辞典》中，劳动教育被概括为劳动、生产、技术和劳动素养方面的教育，主要有两方面任务：一是劳动观教育，包括劳动态度、劳动习惯、劳动意识和劳动观点，隐含德育的意义；二是劳动知识与技能的教育，包括工农业基本知识、生产技能等，有技术教育的含义。对劳动教育可以从广义和狭义两个角度进行理解。从广义角度出发，劳动教育泛指人类从事的一切与生产生活的教育活动；从狭义角度出发，劳动教育指的是在学校中依据学生身心发展规律，有目的、有计划地实施的一种劳动相关知识与技能、道德与情感价值等的教育，是学生五育中的一个重要环节，是促进学生全面、健康发展的教育活动。本研究的劳动教育主要是指狭义的劳动教育，即学校劳动教育。

马克思与恩格斯对劳动教育进行了深刻阐述，认为"劳动是指人用来实现人与自然之间的物质交换的一般人类生产活动"❶，能否进行创造性的劳动是人与动物的根本区别。劳动产生了教育的需要，劳动教育是社会主义教育的重要组成部分之一，是培养大批合格的社会主义劳动者的重要手段。马克思充分肯定了教育与生产劳动相结合的重要意义和作用，认为"教育与生产劳动相结合不仅是提高社会生产的一种方法，更是造就全面发展的人的唯一方法"❷。苏霍姆林斯基在此基础上，创造性地提出了"教育劳动"这一概念，他认为劳动教给学生的不仅仅是一些劳动技能和技巧，劳动教育本身就是培养学生创造性发展的教育。人们只有通过亲身劳动，并且是克服了相当大困难的劳动，才能够真正形成热爱劳动、尊重劳动人民的优秀品质，并认为劳动教育是促使学生全面发展的途径。

劳动作为创造价值的过程是极其重要的，将教育与生产劳动相结合一直是中国的基本教育方针之一。在不同历史时期，因社会、政治、经济的形态和特征不同，劳动教育的概念界定也不同。在1950年后颁布的《小学（四二制）教学计划（草案）》《小学暂行规程（草案）》等一系列文件中规定，"劳动教育主要包括生产劳动、家务劳动和实验实习，注重培养劳动观点和劳动习惯教育等，是作为课外活动内容之一，有计划地配合

---

❶ 马克思恩格斯全集：第25卷下 [M]. 北京：人民出版社，1979：383.
❷ 马克思恩格斯全集：第3卷 [M]. 北京：人民出版社，1972：530.

学科课程进行的"。"1955 年以后，中小学课内开设手工劳动课和生产劳动课，除了注意培养劳动观点和劳动习惯外，增加有关学科劳动教育的内容，使学生掌握工、农业生产的基础知识和基本技能，以更好地为参加生产劳动准备条件。初步构建了系统的生产劳动技术教育体系"❶。"1981 年，教育部颁发了《全日制五年制小学教学计划（修订草案）》《全日制六年制重点中学教学计划（试行草案）》和《全日制五年制中学教学计划（试行草案）》。在三个草案的内容中，开始重视劳动教育的育人功能，明确提出劳动教育的目的是促进人的全面发展；重视劳动技术教育，为解决就业和人才输送问题提供保障，服务社会主义现代化建设"❷。

新时代下，劳动被赋予了新的意义，不仅仅是每个人谋生的手段，更是追求幸福生活的方法，是实现自我价值、自我抱负与理想的一种途径。作为社会中的一员，人们可以通过劳动获得自我生存所需资料，可以为家庭、社会、国家尽自己的一份力量，充分体现个人价值。劳动成为链接个人与群体的一个纽带，成为实现个人与群体进步的方式方法。劳动教育在新时代也有了新的任务，《关于全面加强新时代大中小学劳动教育的意见》规定，新时代劳动教育是中国教育制度中的重要内容，也是国民教育体系的重要内容，是学生成长的必要途径，具有树德、增智、强体、育美的综合育人价值。新时代的劳动教育是全面贯彻党的教育方针的基本要求，是实施素质教育的重要内容，是培育和践行社会主义核心价值观的有效途径。实施劳动教育重点是在系统的文化知识学习之外，有目的、有计划地组织学生参加日常生活劳动、生产劳动和服务性劳动，让学生动手实践、出力流汗、接受锻炼、磨炼意志，培养学生正确劳动价值观和良好劳动品质。❸

---

❶ 李珂，曲霞. 1949 年以来劳动教育在党的教育方针中的历史演变与省思 [J]. 教育学报，2018（5）.

❷ 郝志军，干艺蓉. 70 年来我国中小学劳动教育政策的反思与改进建议 [J]. 西北师大学报（社会科学版），2020（4）：125-126.

❸ 教育部. 关于全面加强新时代大中小学劳动教育的意见 [EB/OL]. (2020-03-20) [2021-3-1]. http://www.gov.cn/zhengce/2020-03/26/content_5495977.htm.

学校劳动教育是一种将学生认知能力与动手能力相结合的教育形式，在教育过程中不仅培养了学生的劳动知识、技能与习惯，也培养了学生的社会知识、技能以及情感价值观，为学生的学校生活与社会生活架起了一座桥梁，真正实现"做中学""理论与实践相结合"。劳动教育作为五育中的一育，是十分重要的，因为在劳动教育中蕴藏、承托了德智体美四育，通过劳动教育，可以促进学生德智体美进一步发展，实现劳动教育的总目标"使学生能够理解和形成马克思主义劳动观，牢固树立劳动最光荣、劳动最崇高、劳动最伟大、劳动最美丽的观念；体会劳动创造美好生活，体认劳动不分贵贱，热爱劳动，尊重普通劳动者，培养勤俭、奋斗、创新、奉献的劳动精神；具备满足生存发展需要的基本劳动能力，形成良好劳动习惯。"❶

2.2.2 劳动教育的特征

我们所说的劳动教育是学校中以劳动为载体开展的一种教育，这种教育区别于社会生活中的"劳动"，具有其自身的特点，具体如下。

(1) 劳动教育具有劳动与教育的一体性特点

劳动教育是学校教育场域中的一种教育，是学生德智体美劳全面培养、全面发展的重要一环，具有立德、增智、健体、育美的全面教育功能。劳动教育中既包括了关于日常生活劳动、生产劳动和服务性劳动的内容，以便学生可以了解和掌握一定的劳动技能知识，又包括了劳动价值情感方面的教育，在提升学生劳动能力、养成学生劳动习惯的同时，为学生树立正确的劳动价值观，让学生理解劳动最光荣、劳动人民最值得尊敬。《现代汉语词典》对"劳动"的解释是"人类创造物质或精神财富的活动"❷。但是只有"劳动"而无"教育"只会使劳动变成重复和无创意的

---

❶ 教育部.关于全面加强新时代大中小学劳动教育的意见[EB/OL].(2020-03-20)[2021-3-1].http://www.gov.cn/zhengce/2020-03/26/content_5495977.htm.

❷ 中国社会科学院语言研究所词典编辑室.现代汉语词典：第5版[M].北京：商务印书馆，2005：815.

低阶劳动，起不到培养学生良好道德素养和积极情感的作用，还会引起看轻劳动、歧视劳动者的反作用。而只有"教育"无"劳动"又会使劳动教育悬在空中，成为应试的工具。"教育"需要通过"劳动"落在土地之上生根发芽，需要通过"劳动"实现"教育"的价值。而"劳动"需要通过"教育"进行播散和升华，需要有"教育"作为指引。任何将"劳动"与"教育"割裂开的劳动教育都是达不到育人效果的，劳动教育具有"劳动"与"教育"的一体两面性。

（2）劳动教育具有实践性特点

劳动教育是一项在"做着学""学着做"的课程，动手与动脑相结合的实践性特点是劳动教育的主要特点，也是劳动教育课程区别于其他课程非常主要的一点。教育部在《对十三届全国人大五次会议第1224号建议的答复》中答复"关于将《劳动教育》教材纳入教科书目录"时指出，劳动教育主要以实践为主，全国各地情况差异较大，全国不统一使用一种教材，由各省级教育行政部门基于劳动教育教学的实际需要，明确劳动实践指导手册编写要求，满足不同地区学校的多样化需求。鼓励学校紧密结合地方经济文化和学生生活实际开发利用课程资源。开展劳动教育要体现实践性特点，坚持宜工则工、宜农则农的原则，采取多种方式，避免"一刀切"。作为一项实践性的教育，在课程设置及教学活动中就一定要注意将教育内容与学生的感官体验紧密联合起来，让学生们用眼睛去看、用耳朵去听、用鼻子去嗅、用手去做，让学生们切实地投入劳动活动中，从学习中去领悟劳动及劳动人民的伟大之处，提高劳动技能及劳动知识水平，成为爱劳动、习惯好、有方法的新时代学生。

（3）劳动教育具有高融合性特点

作为五育当中的一个重要环节，劳动教育既包含着德育、智育、美育、体育，又与其他四育紧密结合、高度相容。从学科角度来看，劳动教育不是单一劳动教育相关课程的任务，因为劳动教育元素同时也融合在其他学科当中。例如，语文课程中有对劳动人民的描述与赞扬，历史课程中展示了各时代人民劳动成果等。这与劳动教育自身具有的培育智力、锻炼体力、培养道德、提高艺术感,以及树立正确思想情感的作用是分不开的。所以,劳动教育可以融合在各个学科当中,这也意味着对学生的劳动教育不仅仅是劳动教育课程教师的任务,而是所有学科教师的任务。从教育类型来说,劳动教育覆盖不同教育类型的教育形态,职业教育、普通教育、大中小幼不同学段的教育,都要开展劳动教育。这也与劳动教育具有终身教育性和促使人的全面发展性息息相关,可以使其融合在各个教学阶段。

(4) 劳动教育具有鲜明的思想性特征

劳动教育注重传递一种正确的理念价值观,那就是劳动才是创造财富、创造幸福生活的根本动力,劳动人民才是最光荣、最值得尊重的群体。劳动教育可以帮助学生树立正确的劳动观念,培养积极的劳动心态,养成良好的劳动习惯。帮助学生形成尊重劳动及劳动人民、热爱劳动过程及劳动成果、崇敬劳动人民的价值态度。反对一切不劳而获、贪图享乐、坐享其成的错误意识与思想。

(5) 劳动教育具有强烈的时代特征

人类社会是不断向前发展变化着的,在这个发展变化过程中人类劳动也从最原始的刀耕火种发展到现在的科学技术性劳动。随着社会的发展与进步,脑力劳动渐渐成为主流劳动类型,新科技下的劳动形态也在不断推陈出新,如人工智能、大数据、信息工程等。随着劳动的时代性变化,劳动教育也表现出紧跟时代发展步伐,与时俱进。学生们能够接触到的劳动教育类型也日趋丰富多彩,从农业技能类劳动教育到服务类劳动教育,从传统技术性劳动教育到创造性劳动教育,这些都是在适应时代发展的过程中演变出的新型劳动教育。

(6) 劳动教育的突出社会性特征

我们国家提倡的是一种平等、和谐的新型劳动关系,是一种社会性的劳动关系。劳动教育更是倡导通过劳动方面的教育来提高学生的社会参与感与社会责任感。劳动教育可以充分发展人的社会属性,培养适应社会生活的未来劳动者，教会学生通过劳动与社会发生交互关系，即通过劳动为社会做出自己的贡献，得到社会给予的精神财富与物质财富。

2.2.3 劳动教育相关理论

(1) 马克思的劳动与教育相结合理论

将生产劳动和教育相结合起来，是马克思主义教育思想的基本原理之一，这个理论对中国的劳动教育具有十分重要的影响。马克思认为，教育与生产劳动的结合是改造社会的最有力手段之一，认为教育与生产劳动相结合"不仅是增加社会生产的一个方法，并且是培养全面发展的人类的唯一方法"❶，"提高社会生产力、促进社会进步的关键就是必须将劳动和教育结合起来，在这一过程中，劳动者的素质也得以提升"❷。

马克思在结合社会背景与条件的前提下，从两个方面论述了生产劳动与教育相结合的重要意义。一是将生产劳动与教育相结合是提高社会生产力，推动社会进步的关键。只有将生产劳动与教育进行结合才可以推动社会科技水平与人民生活水平发展。二是马克思也分析了两者的结合意义不仅在于使社会生产力提高，其更是培养全面发展人的重要途径。马克思认为，劳动与教育的结合"是造就全面发展的人的唯一方法"❶。人的道德形成、智力发展、身体发育等都离不开劳动的影响和作用。马克思认为，在合理的社会制度下，每个具备劳动能力的人都应当成为劳动者。在劳动的过程中，人们的智力和体力都会得到运用和发展。马克思生产劳动与教育相结合的理论对于中国的劳动教育思想起到了启蒙的重要作用，对何为劳动教育、劳动教育何为给出了指导性的建议，为中国劳动教育的发展前进指出了一定方向。

(2) 马卡连柯劳动教育理论

马卡连柯是苏联时期杰出的教育家，他的集体教育思想、劳动教育思想、家庭教育思想等对当时乃至后世的教育都产生了非常大的影响。而其

---

❶ 马克思恩格斯全集：第 23 卷 [M]. 北京：人民出版社，1971.
❷ 马克思恩格斯选集：第 1 卷 [M]. 北京：人民出版社，1972：76.

中，劳动教育思想是马卡连柯的非常重要的一部分教育思想。马卡连柯的劳动教育思想是在马克思"关于教育与生产劳动相结合"的理论基础之上发展而来的，并得到他多年的理论实践。他提出劳动教育是促进个性全面发展的重要手段，主张劳动教育应当与集体教育、家庭教育相结合。❶ 劳动教育虽然是促进人全面发展的重要途径，但是其不可以脱离集体或家庭而单独存在。必须与其他教育形式相联合才能发挥其重要作用。在实施劳动教育的时候，学校的教师、家庭的父母要发挥积极的引导作用和榜样作用，以身作则地去为学生们示范劳动，在传授劳动技能的同时引起学生们对于劳动的兴趣，以劳动为连接点，构建团结和谐的班级及学校氛围，建立学生们对于集体社会的关注与热爱，进而上升到对于国家的热爱，在劳动教育中实施道德教育，建立学生们的社会责任感。

对于实施劳动教育的时间方面，马卡连柯主张应尽早对儿童开展劳动教育。认为儿童在幼小阶段意识观念还没有形成，接受能力好、可塑性强，尽早实施劳动教育有助于儿童形成良好的劳动观念，为之后的成长奠定基础。

(3) 苏霍姆林斯基的学校劳动教育理论

苏霍姆林斯基认为，劳动素养是一个全面和谐发展的人所必须具备且十分重要的素养，而劳动教育有着德育、智育、体育、美育不可取代的重要作用。他说："一个人的和谐全面发展、富有教养、精神丰富、道德纯洁——所有这一切，只有当他不仅在智育、德育、美育和体育素养上，而且在劳动素养、劳动创造素养上达到较高阶段时，才能做到。"❷ 并进一步提出，"如果一个人不能通过自己的劳动为自己创造财富，不能通过自己的亲身体验而获得收获的喜悦，那他的一生就是碌碌无为的一生，体会不到劳动所带来的幸福感，也感受不到别人对他的尊敬。儿童的智慧

---

❶ 田洁. 马卡连柯劳动教育理论对我国小学劳动教育的启示 [J]. 基础教育研究, 2020 (6): 3-4.
❷ 苏霍姆林斯基, 杜殿坤. 怎样教育学生热爱劳动? [J]. 外国教育资料, 1983 (5): 41-47.

出在他的手指头上。"❶ 苏霍姆林斯基高度肯定了劳动教育的作用，认为劳动教育是让人们理解劳动、体会劳动喜悦的重要途径，并且认为劳动中蕴藏着丰富的德育资源，可以通过劳动提高人们的道德水平。劳动教育是与德智体美紧密连接着的教育内容，是促进人全面和谐发展的重要部分。

(4) 新时代习近平总书记关于劳动教育的理论

进入新时代以来，习近平总书记高度强调劳动的重要性和劳动教育的重要性。对劳动教育发表了一系列重要的观点和论述：2013年，习近平总书记提出了"三爱"教育观，即"爱学习，爱劳动，爱祖国"。2014年，提出要弘扬"劳动光荣、技能宝贵、创造伟大"的时代精神。2015年，发起了"以劳动托起中国梦"的时代号召。2016年，提出学校为保障劳动教育的育人实效发挥就要建立完善的制度和保障体系，促进社会主义根本任务的实现。因此，在新时代的背景下，要把握好劳动教育的基本内涵和价值观念，探索劳动教育发展的实践要义。2017年，强调了劳动教育对于人才培养的重要性，为了实现国家的伟大复兴要努力培养具有新时代背景下全面发展的人，培养具有吃苦耐劳，坚持不懈，脚踏实地等优良品质的好少年。2018年，进一步强调要引导学生懂得"劳动最光荣、劳动最崇高、劳动最伟大、劳动最美丽""加强劳动教育，培育青少年深厚的劳动情怀"，"要通过各种措施和方式，教育引导广大青少年牢固树立热爱劳动的思想、牢固养成热爱劳动的习惯，为祖国发展培养一代又一代勤于劳动、善于劳动的高素质劳动者"。

党的十八大以来，习近平总书记多次从民族复兴、社会的稳定与进步、人才的全面发展等方面阐述了劳动之于国家、社会与个体层面发展的重要意义，提出与劳动相关的一系列新思想与新要求，形成关于劳动及劳动教育的重要理论论述。2020年3月，中共中央、国务院颁发了《关于全面加强新时代大中小学劳动教育的意见》，为新时代劳动教育作了总体设计和战略部署。2020年7月，教育部印发了《大中小学劳动教育指导纲要

---

❶ 苏霍姆林斯基，杜殿坤．怎样教育学生热爱劳动？[J]．外国教育资料，1983 (5)：41-47.

（试行）》，为新时代劳动教育的有效实施给予了指导。这些内容体现了以习近平同志为核心的党中央对新时代劳动教育功能的充分肯定，以及对劳动规律的深刻认识。

2.2.4 劳动教育研究动向

（1）国外劳动教育研究动向

国外劳动教育的相关研究开始于一些著名教育家的以劳动教育人的思想，如马克思（Marx）、裴斯泰洛齐（Pestalozzi）、马卡连柯、苏霍姆林斯基、杜威（Dewey）、卢梭（Rousseau）、托马斯·莫尔（St. Thomas More）等教育家都十分注重儿童的劳动教育，并针对劳动教育内涵、作用、途径等发表了相关著述。

马克思认为教育与生产劳动的结合是改造社会最有力的手段之一，他认为教育与生产劳动相结合"不仅是增加社会生产的一个方法，并且是培养全面发展的人类的唯一方法"❶。裴斯泰洛齐认为，劳动是教育和发展最重要的条件，它对发展人的体力、智能和形成道德品质都很重要，并想努力通过农业、手工劳动和儿童教育相结合的办法来改善农民的生活。他将自己的教育主张运用到了实践当中，1774年，裴斯泰洛齐在新庄（又译诺伊霍夫）创办了一所孤儿院，使学院的孤儿一边从事农业、纺织业劳动，一边学习读、写、算，同时进行道德教育。1898年他受政府委托，在斯坦兹创办了一所收容80名儿童的孤儿院，在教育实践的过程中积极倡导手工劳动，加强学习，学校与工厂密切结合。❷ 苏联时期教育学家马卡连柯受马克思生产劳动与教育相结合思想的影响，阐述了自己的劳动教育理论，认为劳动教育应与集体教育、家庭教育紧密联系。对于实施劳动教育的时间方面，马卡连柯主张应尽早对儿童开展劳动教育。认为儿童在幼小阶段意识观念还没有形成，接受能力好、可塑性强。尽早实施劳动教育有助于儿童形成良好的劳动观念，为之后的成长奠定基础。苏霍姆林斯基将自己

---

❶ 马克思恩格斯全集：第23卷[M]. 北京：人民出版社，1971.
❷ 张焕庭. 西方资产阶级教育论著选[M]. 北京：人民教育出版社，1979：203.

的学校劳动教育理论积极地付诸实践教育当中，他主持的帕夫雷什中学从1952年开始就对八至十年级的学生实行广泛的职业知识和技能教育。其他教育家也分别从自己的领域及视角论述了劳动教育的概念及重要价值。

目前德国、日本、美国等国较注重中小学劳动教育，并将研究重点落在政策研究、课程研发、实施方式、考核与评价等方面。德国巴州文化青年和体育部在2016年培训计划中指出鼓励学校和教师在教学中充分发挥地域特色，与研究所或公司开展合作来提升教学质量。日本文部科学省在2001年修订的《学校教育法》与《社会教育法》中均规定，通过学校教育和社会教育的相互合作及加强地域合作来丰富学校劳动活动，奖励民间教育团体向青少年提供参加社会服务的机会，并鼓励地方公共团体协助学校组织公益活动。美国学校则通过开设生产劳动和社会研究课程来提高学生的劳动能力。

从目前的研究主题来看，劳动教育研究紧跟时代步伐，主题日渐丰富。从研究视角来看，有关劳动教育的研究改变了以往传统的视角，随着劳动教育在学校教育中重视度的提高，关于劳动教育如何实践仍是接下来研究的重点与热点。

(2) 国内劳动教育研究动向

劳动价值观对我国教育的发展起着十分重要的作用，劳动教育从中华人民共和国成立时期开始也经历了探索发展—停止发展—调整发展—健康快速发展几大过程。1949—1957年是中国劳动教育的探索发展阶段，国家深刻意识到劳动对于人的发展、对于社会发展、对于国家发展的重大意义，并受到苏联时期所倡导的"生产劳动与教育相结合"思想的深刻影响，十分注重劳动教育的重大意义。这一时期的劳动教育处于摸索发展阶段，其更多的是作为思想改造的工具，以及作为缓解中小学升学压力的手段。通过劳动教育鼓励中小学毕业生积极地投入生产劳动当中。1950年5月，教育部副部长钱俊瑞在《人民教育》杂志创刊号上发表《当前教育建设的方针》，提出组织以前未从事生产劳动的人通过参加生产劳动改造自身。《中国教育年鉴（1949—1981）》中也提到，"在当时的劳动教育热点问题是解决毕业生就业问题，因为在当时中国的教育能力和环境有限，小学发展过多，致使中小学毕业生的比例失调"❶。1957年之后，中国开始摆脱苏联的劳动教育模式，结合中国国情探索社会主义学校的劳动教育。

1958—1977年是中国劳动教育研究的停止发展时期，出现了以劳动代替教学的情况，抛开知识文化学习，片面强调劳动的重要性。劳动的价值被扩大，甚至夸大，而有劳动无教育的情况也使这一时期关于劳动教育的相关研究处于静止状态。

1978—2000年是中国劳动教育的调整发展时期，1978年关于真理标准问题的大讨论，也使学术理论界冲破了"两个凡是"的束缚，这也使劳动教育研究又焕发了生机。1978年，教育部修订了《全日制小学暂行工作条例（试行草案）》《全日制中学暂行工作条例（草案）》，其中明确了对中小学生参加生产劳动的规定，劳动与教育又一次得到了结合，劳动教育进入正规化模式，1984年，人民教育出版社编辑出版了《生产劳动与职业教育》。随着对劳动教育问题的关注度上升，王北生（1987）在《对新时期劳动教育问题的再认识》中提到，站在崭新的历史时期，随着生产力发展水平和科学技术、文化教育事业的发展，劳动教育不应该限制在参加体力劳动的范围内，应该扩大到脑力劳动的领域；劳动教育不应该被限制在学校里，应该重视家庭的早期劳动；劳动教育的目的并非单纯的改造世界观，而应扩大到改造世界的同时，学会一些生产技术、掌握一些生产劳动知识和从事劳动的基本功❷。

这一时期，劳动教育研究对苏联劳动教育方面的经验的介绍和比较研究也十分多，主要集中在对外国文献的翻译和介绍，如顾明远、晓白、陈旭晟、干正、殷洁、骆松漱、洪子锐、施小珍等学者在这一时期以《外国教育动态》《外国教育研究》《苏联问题参考资料》《外国教育资料》《外国中小学教育》为主阵地引介❸。

---

❶ 中国教育年鉴（1949—1981）[M]. 北京：中国大百科全书出版社，1984：89，1001，1021.
❷ 王北生. 对新时期劳动教育问题的再认识 [J]. 教育科学研究，1987（3）：19-23.
❸ 徐海娇. 危机与重构：劳动教育价值研究 [D]. 长春：东北师范大学，2017.

第 2 章 研究理论背景

到了 20 世纪 90 年代，劳动教育研究主要围绕劳动教育基本问题等主题展开。研究成果日渐丰富，出现了刘世锋主编的《小学教师之友·劳动教育卷》、李一凡、王嵩峰主编的《劳动教育经验选编》、程凤山主编的《劳动教育》、王恩大主编《农村小学劳动教育》、刘金广本册主编《劳动教育与素质教育》著作❶。杨贵生（1995）在《城市小学劳动教育的探索与实践》中介绍长春市开运街小学开展劳动教育的实践成果，王庆会、赵满忠（1995）介绍了大庆市怡园小学开展劳动教育的实践模式、管理体系、保障机制。对于劳动基本问题的探讨也有很多研究成果，桑新民（1991）在《对"五育"地位作用及其相互关系的哲学思考》中对德育、智育、美育、体育、劳动技术教育（简称"五育"）的地位作用及其相互关系进行了探讨。作者依据马克思在《资本论》中所运用的科学抽象方法，将"五育"划分为三个层次，认为德育、智育、美育属于心理发育的层次，体育属于身心和谐发展的层次，劳动技术教育属于培养创造性实践能力的层次。李仁春（1999）在《"教育必须与生产劳动相结合"和"认识必须与实践相结合"》中提出实践的观点是辩证唯物论和认识论第一与基本的观点，"教育必须与生产劳动相结合"是"认识必须与实践相结合"在教育领域的具体体现。文新华、成有信、鲁衍平等学者深入本体论，积极探讨劳动教育的概念、目标和任务。

21 世纪以来，关于劳动教育的研究进入健康快速发展的阶段，2001 年 5 月 29 日，出台《国务院关于基础教育改革与发展的决定》，随后教育部印发《基础教育课程改革纲要（试行）》规定：从小学至高中设置综合实践活动并作为必修课，其课程内容包括：信息技术、研究性学习、社区服务和社会实践及劳动与技术教育。❷ 由此引发了关于劳动教育的地位、劳动教育与其他教育的关系等方面的研究，黄济（2004）在《关于劳动教育的认识和建议》中，从劳动在人的形成和发展中的作用谈起，对劳动教育的意义和任务，以及内容和实施作了比较全面的论述。通过对马克思主义

---

❶ 徐海娇. 危机与重构：劳动教育价值研究［D］. 长春：东北师范大学，2017.
❷ 徐长发. 我国劳动技术教育的发展［J］. 教育研究，2004（12）：11-16.

的教劳结合思想与我国革命传统教育中的劳动教育的分析，提出在进行生产技术教育的同时，有必要加强思想品德教育。最后建议将劳动教育列为教育整体的一个组成部分，在基础教育中将德、智、体、美"四育"增补为德、智、体、美、劳"五育"。黄汉清、杨秉瑾（2007）《以劳动教育促进学生整体素质的提高》中提出，在新课程背景下，完成劳动教育与综合实践课程的衔接、构建课程师资队伍、开发校本教材、探索活动课程的教学模式。最终实现以劳动教育为突破口，全面推进学生整体素质的提高。

进入 21 世纪以来，劳动教育作为"五育"当中的重要一环，更是作为我国的基本教育方针很受重视。习近平总书记对劳动教育发表了一系列重要的观点和论述：2013 年，习近平总书记提出了"三爱"教育观，即"爱学习，爱劳动，爱祖国"。2014 年，提出要弘扬"劳动光荣、技能宝贵、创造伟大"的时代精神。2015 年，发起了"以劳动托起中国梦"的时代号召。2018 年，进一步强调要引导学生懂得"劳动最光荣、劳动最崇高、劳动最伟大、劳动最美丽"。2015 年 8 月教育部联合共青团中央、全国少工委印发的《关于加强中小学劳动教育的意见》指出"通过劳动教育，提高广大中小学生的劳动素养，促进他们形成良好的劳动习惯和积极的劳动态度。"劳动教育的研究热度进一步升温，研究成果也呈现出丰富化。2020 年 3 月 26 日，中共中央、国务院发布《关于全面加强新时代大中小学劳动教育的意见》，进一步扩大了劳动教育的范围与影响，其以习近平新时代中国特色社会主义思想为指导，把劳动教育纳入人才培养全过程的劳动教育已经成为学校教育中的一项重大议题。

近些年，由于政策的关注及时代性的需求，劳动教育成为一个热点研究问题，在此基础上产生了很多关于中国劳动教育历史发展的总结，以及对后续发展展望的一些研究。例如，艾兴、李佳（2020）在《新中国中小学劳动教育课程设置：演变、特征与趋势》中指出我国中小学劳动教育课程设置的演变可以归纳为四个阶段：探索与创建阶段；自主与迷失阶段；改革与重整阶段；转型与创新阶段。并认为在新的时代背景下，方向性、时代性、整合性和特色性是中小学劳动教育课程设置的必然趋势。宋乃庆、王晓杰（2020）在《新中国成立以来我国劳动教育政策发展：回眸与展望》一文中提出新中国成立开天辟地般实现了人民当家作主，我国劳动价值观发生重大转变，劳动教育政策发展历经探索、发展、调整、再探索、再加强五个阶段。未来我国劳动教育政策发展要坚持方向性。关于此类研究还有李珂等（2018）撰写的论文《1949年以来劳动教育在党的教育方针中的历史演变与省思》等。

对于劳动教育本身的研究，包括有关劳动教育内容、特征及任务的研究；有关劳动教育在学校教育中定位的研究；有关劳动教育的本质和价值思考的相关研究。例如，李伟（2019）《新中国成立以来"劳动教育"概念的嬗变》中提到70年来，从体力劳动、思想改造，到培养劳动情感、态度、价值观与知识技能；从服务生产建设到与全面发展和素质教育相结合；从课堂教学、校内实习，到家、校、社会三方合作；劳动教育概念的内涵和外延在变与不变中酝酿、沉淀。进入新时代，劳动价值观、劳动素养、劳动体验、儿童生活与成长等关键词使劳动教育焕发新机。王红、谢诗思（2020）《本体论和工具论：新时代劳动教育价值诉求的辨析》中认为劳动教育是全面贯彻党的教育方针的基本要求，是实施素质教育的重要内容。劳动教育价值之争实质上是劳动教育价值秩序之争。由于劳动之于人的发展的根本性意义，不仅其本身重要，而且对于其他几育的工具性作用依然存在，具有促进德智体美四育发展的功能。但更重要的是，劳动教育本身是一种价值，可以说，在"五育"之中，兼具目的、手段和路径功能的，恐怕非劳动教育莫属。关于此类问题的研究还有檀传宝（2018）撰写的论文《劳动教育的概念理解——如何认识劳动教育概念的基本内涵与基本特征》、檀传宝（2017）《劳动教育的本质在于培养劳动价值观》，刘向兵（2018）撰写的论文《新时代高校劳动教育的新内涵与新要求——基于习近平总书记关于劳动的重要论述的探析》，王连照（2016）撰写的论文《论劳动教育的特征与实施》等。

劳动教育的实施主要是由学校有组织、有目的地进行，聚焦在学校教育层面的研究相对比较多，既包括高等教育方面，也包括基础教育层级。

例如，卢丽华、于明业（2020）在《基于新时代构建中小学劳动教育课程》中，对于劳动教育如何才能有机、有效地嵌入小学教育体系，劳动教育精神怎样才能很好地贯彻到中小学教育实践中提出了自己的见解。张随学（2019）在《小学劳动教育的实施途径》中认为劳动被不同程度地弱化，成为教育的"短板"。我们可以通过课堂教学、校内日常劳动、家庭家务劳动、校内校外劳动实践基地等途径，落实劳动教育目标、培养学生劳动素养、丰富劳动教育的内涵与外延，为学生终身发展和人生幸福奠定基础。张路路（2020）在《山东省农村小学劳动教育课程实施调查研究》以山东省部分地市四所农村小学的教师和学生为调查对象，探究山东省农村小学劳动教育课程实施现状及优化策略。朱潇（2020）《人的全面发展视角的高校劳动教育研究》中提出，高等学校要正视学校劳动教育的现况，从人的全面发展视角系统地思考大学生的劳动教育、规划劳动教育路径、优化劳动教育内容、补齐劳动教育短板，把劳动教育作为高校人才培养的重要内容。

此外，有一些研究学者已经意识到城乡劳动教育合作的重要性，王中华、刘志婷认为，城乡合作有助于城乡学校劳动教育质量的提升；有助于完善城乡学校劳动教育课程体系；有助于城乡学生劳动品质的形成，并提出了基于共生理论，实现城乡学校劳动教育资源共享。滕怀礼以平川区为例，提出了在城乡中小学开展"结对子，合作互补"劳动教育均衡资源的想法。杜庆芳、余文武指出，通过城乡劳动场域联动来增加城乡劳动文化交流的机会，拓宽城乡发展劳动教育的渠道，促进城乡劳动主体的全面发展。李宁、董宏杨认为，重视义务教育学校劳动教育，尤其是城乡劳动教育之间取长补短和相互合作，是政策落实的关键所在，也是劳动教育发展的必然趋势。在实施城乡劳动教育合作的过程中仍存在着许多问题与困境，夏劲云、马亮指出，劳动教育实施过程中，普遍存在着城乡劳动教育资源配置不均衡、低效度重复开发与建设、共享机制建设上缺乏有效策略、师资缺乏、实施空间和配套教材不足等问题。面对城乡劳动教育合作中面临的困境，学者们提出了很多合理化建议，王中华、刘志婷以共生理论为依托，提出城乡学校劳动教育资源共享的路径：联合共生单元，树立"合作共生"的共享理念。李宁、董宏杨提出，充分利用校内外优质教育资源，树立健康劳动观念；科学统筹劳动教育资源，实现城乡劳动教育资源共享；借助乡村独特隐形资源，营造新型城乡劳动文化氛围；城乡学校结对帮扶，创建城乡劳动教育"新学区"。夏劲云、马亮从铜陵市实际情况出发，阐述基于城乡一体化视角的中小学劳动教育资源统筹与共享的"126"模式：组建一个课题群，充分发挥教研课题的服务引领作用；设置两张清单，即学生发展需求清单、学校（或基地）资源供给清单，为资源整合共享的逻辑起点和目标指向；依托机制打造六类课程群等。

纵观国内外研究发现，劳动教育近年来逐渐成为学者们关注的热点。2015年教育部等部门颁布《关于加强中小学劳动教育的意见》之后，劳动教育的研究热度进一步升温，研究成果也是丰富多样。2020年3月26日，中共中央、国务院发布《关于全面加强新时代大中小学劳动教育的意见》，劳动教育已经成为学校教育中的一项重大议题。从目前的研究主题来看，劳动教育研究紧跟时代步伐、主题日渐丰富。从研究视角来看，劳动教育研究改变了以往的传统视角，从多维度、多学科、多理论的角度分析劳动教育问题，视角逐渐多元化。从研究方法来看，很多研究突破了以往思辨法和文献法的禁锢，进行了实证研究的探索，定性与定量研究日渐融合，研究方法走向综合化。

2.3 劳动教育课程

2.3.1 劳动教育课程概念

劳动教育课程是指学校为实施劳动教育所开设的课程，课程以日常劳动、生产生活劳动、社会服务性劳动为内容，旨在培养学生正确的劳动教育价值观、养成学生一定的劳动素养和能力、培养学生良好的劳动习惯。关于我国劳动教育课程的存在其实由来已久，只不过在不同时期以不同的名字或不同的形式存在，在一些时期，劳动教育课程以一门独立课程的形式存在，还有一些时期是作为某一课程中的一个领域而存在的。不同时期劳动教育课程的开设形式与教育内容主要与当时政策相契合，将不同时期教育部颁布的与劳动教育课程相关的政策梳理如下。

1955年9月，教育部颁布《小学教学计划》和《关于执行〈小学教学计划〉的指示》，其中规定实施"基本生产技术教育（即综合技术教育）和加强劳动教育及体育"，为了响应政策，在小学增设了"手工劳动"课。1957年6月，教育部先后发布了两条通知。一为《关于1957—1958学年度中学教学计划的通知》，二为《关于在农村小学五、六年级增设农业常识和农业常识教学要点的通知》，其中要求在初中和高中三年级增设农业基础知识课；在农村小学增设农业常识课。1963年7月31日，教育部颁布《关于实行全日制中小学新教学计划（草案）》的通知，其中规定小学六年级开设生产常识课，初中三年级开设生产知识课，高中三年级开设农业科学技术知识选修课。1981年4月，教育部先后发出《全日制六年制重点中学教学计划试行草案》和《全日制五年制中学教学计划试行草案的修订意见》要求中学要开设劳动技术课、职业技术教育课。1992年8月6日教育部印发《九年义务教育全日制小学、初级中学课程计划（试行）》，其中明确规定：小学开设劳动课，初中开设劳动技术课，并具体规定了课时与课程内容。2001年6月8日，教育部印发《基础教育课程改革纲要（试行）》，指出："从小学至高中设置综合实践活动并作为必修课程"，综合实践活动课中包括：信息技术教育、研究性学习、社区服务与社会实践，以及劳动与技术教育。2015年7月20日，教育部、共青团中央和全国少工委联合下发了《关于加强中小学劳动教育的意见》，明确指出，劳动教育是全面贯彻党的教育方针的基本要求，是实施素质教育的重要内容，是培育和践行社会主义核心价值观的有效途径。

2020年，教育部印发《大中小学劳动教育指导纲要（试行）》，要求"在大中小学设立劳动教育必修课程，并将劳动素养纳入学生综合素质评价体系。2020年3月，中共中央、国务院颁布《关于全面加强新时代大中小学劳动教育的意见》规定：中小学劳动教育课平均每周不少于1课时，用于活动策划、技能指导、练习实践、总结交流等，与通用技术和地方课程、校本课程等有关内容进行必要统筹。职业院校开设劳动专题教育必修课，不少于16学时；主要围绕劳动精神、劳模精神、工匠精神、劳动组织、劳动安全和劳动法规等方面设计。普通高等学校要将劳动教育纳入专业人才培养方案，明确主要依托的课程，可在已有课程中专设劳动教育模块，也可专门开设劳动专题教育必修课，本科阶段不少于32学时；课程内容应加强马克思主义劳动观教育，普及与学生职业发展密切相关的通用劳动科学知识，并经历必要的实践体验。"劳动教育课程是学校有目的、有计划、有组织地向学生传授劳动知识与技能，发展创新精神与实践能力的教育活动课程。

具体情况如图2-1所示：

1950年8月，教育部颁发《中学暂行教学计划(草案)》和《小学课程暂行标准(初稿)》	在高中第2、第3学年开设每周1学时的与工农业建设相关的各种图样的绘制的"制图"；在"四·二制"小学要开设"劳作"课，各年级每周一学时。各年级分设"观察与研究""联系和制作"项目系列
1955年5—6月，国务院召开的全国文化教育工作会议	提出要在中小学有步骤地实施基本的生产技术教育，高中、初中、小学应进行工农业生产常识的教学
1955年9月，教育部颁发《小学教学计划》和《关于执行〈小学教学计划〉的指示》	开始实施基本生产技术教育(即综合技术教育)和加强劳动教育及体育，更完整地体现全面发展的教育方针。为此，增设了"手工劳动"科目
1957年4月8日，受刘少奇在《人民日报》刊发的社论《关于中小学毕业生参加农业生产问题》文章的影响	学校把生产劳动列为正式课程，以开设生产知识课、提倡勤工俭学、组织学生上山下乡和开办展览会为主要形式广泛开展

图2-1

全人教育视域下的劳动教育课程改善研究

1957年6月，教育部先后颁布《关于1957—1958学年度中学教学计划的通知》和《关于在农村小学五、六年级增设农业常识和农业常识教学要点的通知》	要求在初中和高中三年级增设农业基础知识课；在农村小学增设农业常识课。将劳动教育正式纳入我国课程体系之中，以进行课程知识指导和帮助学生毕业后的农业生产劳动。许多学校在课程安排、教学方法上采取了独特的做法
1963年7月31日，教育部发出的《关于实行全日制中小学新教学计划(草案)》的通知	小学六年级开设生产常识课，初中三年级开设生产知识课，高中三年级开设农业科学技术知识选修课；生产知识课，一般应该讲授农业生产知识。在一切学校中，均把生产劳动列为正式课程，以教学计划确保其实施效果
1981年4月，教育部发出的《全日制六年制重点中学教学计划试行草案》和《全日制五年制中学教学计划试行草案的修订意见》	开设劳动技术课、职业技术教育课。劳动技术教育包括工农业生产、服务性劳动的一些基本技术、职业性技术教育及公益劳动等。随后印发了《关于普通中学开设劳动技术教育课的试行意见》和《现行普通高中教学计划的调整意见》
1992年8月6日教育部印发的《九年义务教育全日制小学、初级中学课程计划(试行)》	小学开设劳动课，初中开设劳动技术课。其中小学一、二年级可开设1课时劳动课，四年级以上各年级可增为2课时，所需时间从地方安排的课时中调整。初中劳动技术课根据需要，可用适当时间进行职业技术教育或参加工农业生产劳动。要重视实践环节教育，注意培养学生的动手能力
2001年6月8日，教育部印发了《基础教育课程改革纲要(试行)》	取消劳动与劳动技术课，从小学至高中设置综合实践活动并作为必修课程，其内容主要包括：信息技术教育、研究性学习、社区服务与社会实践，以及劳动与技术教育。在课程的实施过程中，加强信息技术教育，培养学生利用信息技术的意识和能力。了解必要的通用技术和职业分工，形成初步技术能力
2020年，教育部印发《大中小学劳动教育指导纲要(试行)》	在大中小学设立劳动教育必修课程，并将劳动素养纳入学生综合素质评价体系。其中，中小学劳动教育课平均每周不少于1课时，用于活动策划、技能指导、练习实践、总结交流等，与通用技术和地方课程、校本课程等有关内容进行必要统筹。职业院校开设劳动专题教育必修课，不少16学时；主要围绕劳动精神、劳模精神、工匠精神、劳动组织、劳动安全和劳动法规等方面设计。普通高等学校要将劳动教育纳入专业人才培养方案，明确主要依托的课程，可在已有课程中专设劳动教育模块，也可专门开设劳动专题教育必修课，本科阶段不少于32学时；课程内容应加强马克思主义劳动观教育，普及与学生职业发展密切相关的通用劳动科学知识，并经历必要的实践体验

图 2-1　劳动教育课程

2.3.2 劳动教育课程的特征

劳动教育课程是培养新时代实践创新人才的重要保障，劳动教育课程具有较强的实践性和操作性，与学校德育课程、智育课程、体育课程和美育课程并列为学校教育构成的重要成分，劳动教育课程具有以下几个特征。

(1) 育人性教育目的

劳动教育课程的目的是将劳动与教育相结合，并非只简单地进行劳动技能的传授，而在于通过劳动对学生开展教育，劳动教育课程是凸显劳动教育育人本质的外在表现和抓手。劳动教育课程的育人目标是劳动教育育人目标的具体化体现，劳动教育课程设计中要包括对学生的基本劳动素养的培养部分、对学生正确劳动价值观的塑造部分、对学生良好劳动习惯与劳动品质的养成部分，并将这些部分进行有机统合，以课堂教学的形式体现出来。通过劳动教育课程的学习不仅可以提高学生的劳动素养，更能为学生的全面发展发挥积极促进作用。

(2) 课程内容学段区别化

针对不同学段劳动教育课程实施内容的侧重点不同。劳动教育课程的实施不可以以一概全，针对不同学段其课程内容及目标也会出现不同。在小学阶段，课程内容不要有过于复杂的劳动技能方面的知识，应更多的是关于学生劳动习惯的养成，以及热爱劳动和劳动人民思想的培养。在初中阶段，劳动教育课程要注重劳动技能与劳动品质教育的内容平衡。在高中阶段，劳动教育课程要进行职业体验、劳动态度方面内容的融入。在大学阶段，劳动教育课程要以学生就业创业能力的培养、劳动价值观的提高为主要目标。

(3) 课程融合性强

劳动教育课程包含着非常丰富多彩的课程内容，"既包括情感、兴趣、认知、态度、习惯等方面的劳动涵养，也包括技能、价值、创造以及意识等方面的劳动素养"[1]。除此之外，在劳动教育课程当中还蕴含着传统文化

---

[1] 茂祥. 打开劳动教育的新天地 [N]. 光明日报, 2019-01-29.

知识，如二十四节气的由来、耕读文化的传承；劳动教育课程中还包含着自然学科知识，如地理位置不同，土壤的类型与耕种植物也有不同；劳动教育课程还包含了科学技术方面的知识，如信息化条件下新的劳动类型与作用；劳动教育课程还包含了文史类知识，如身体力行地体会"锄禾日当午，汗滴禾下土"；劳动教育课程还包含了体美方面的知识，如以劳促体、学习花艺知识……劳动教育课程内容具有丰富性与综合性，劳动教育既是五育当中的重要一环，又是承托德、智、体、美知识的集中课程体现。

（4）劳动教育课程具有鲜明的地域性特征

劳动教育课程并非是只依托教室课堂的纯讲授型课程，而是需要社会、家庭提供多方联动的偏实践性课程。针对不同地区的地域特征，所能提供的劳动教育课程内容也出现不同的态势。檀传宝教授提出，"劳动教育设计首先是根据孩子所生活、接受教育的社区、地方的不同去设计。例如，不要让地方特别小的城市学校硬开辟校内农场去学农，也不要让大山深处的孩子一开始就学设计机器人。留守儿童帮助老人做点家务就是很好的，教师发现就应大力表扬，这就是孝敬老人的德育，也是劳动教育；学校周围就是农地，那么就带去学习"。正因为劳动教育课程因地制宜的特点，2020年7月教育部印发《大中小学劳动教育指导纲要（试行）》中指出："学校是劳动教育的实施主体，应根据国家相关规定，结合当地和本校实际情况，对劳动教育进行整体设计、系统规划，形成劳动教育总体实施方案。"

（5）劳动教育课程具有家校社协作性

学校所设计的劳动教育课程一般包括日常生活劳动、生产劳动、服务性劳动，课程的开始不仅需要学校内部做好统筹，确保劳动教育课程运行的师资、设备、经费、场地、时间等。还需要家庭和社会的协调与支持，需要借助家庭力量、社会力量提供家庭劳动实施配合和校外公益服务型劳动及生产劳动方面的实践场地、实践机会的保障。需要学生家长配合学校开展劳动教育，需要社会为学生营造良好的劳动教育氛围与环境。劳动教育课程的顺利开展与有效实施并不是学校单一方面可以完成的，还需要家校社的协作共创。

2.3.3 劳动教育课程的相关研究

劳动教育课程研究近年来逐渐成为国内外学者们关注的热点，关于劳动教育课程方面的研究很早就已经开始了，国内关于劳动教育课程开设的政策由来已久，1981年教育部正式提出了开设劳动技术教育课的要求。1982年教育部通过官方文件将"劳动技术教育课列入正式的教学计划"。1987年颁布的《全日制普通中学劳动技术课教学大纲（试行稿）》指出："劳动技术课的教学目的在于培养学生的劳动观点、劳动习惯和热爱劳动人民的思想感情；使学生初步掌握一些生产劳动或通用的职业技术的基础知识和基本技能。"关于劳动教育的早期研究，学者刘世峰、唐惟煜、黄济等人将研究内容主要聚焦在学校劳动教育课程的目的和具体内容上，将其定义为"劳动与技术教育"，认为小学生的劳动技术课程教育包含以下内容：基础知识及基本技能的教育和训练；重视在改革开放的新历史时期实施学校劳育；提倡在中小学设置劳动课，首次提出将劳育与德智体美四育并列，成为"五育"之一。

我国早期劳动教育的思想受到了国外劳动教育思想的影响，尤其是苏联时期，裴斯泰洛齐（Pestalozzi）、马卡连柯（Makarenko）、苏霍姆林斯基（Cyxomjnhcknn）等教育家对于劳动与教育关系的论述，引起了国内关于劳动教育的思考。除此之外，早在文艺复兴时期，空想社会主义者莫尔（More）就有对儿童进行劳作教育的观点。他认为："儿童从小就要学习劳作，或是于学校的理论学习，或是田间、工厂的体力劳作实践。"关于劳动教育课程的研究，国外学者更多的是从课程的内容及课程的实践方面进行研究和论述。如欧文（Owen）便是一边进行教学实践一边进行研究，1825年他在美国印第安纳州建立了"新和谐公社"，创办了一所既包含幼儿园及小学阶段的普通教育，又包含专门为劳动的青少年及成年人设立的特殊教育阶段的"工业和农业学校"。"在儿童学校里，除了教学科、学文化知识、实施体操和军训外，还为不同年龄阶段的儿童设置了劳动实践课，并且使之与智育、体育有机结合，每天教育和生产劳动交替进行。"❶可以看出，此时的劳动实践课已经开始注重与智育、体育等的融合。

国外在劳动教育课程目标方面的研究也比较多。拉塞克（Rassekh）等人认为，劳动教育课程的目标包括以下几个方面：对劳动的正确态度，尊重劳动；技术修养，对技术进步的兴趣与批判态度；就业的人和本领的培训；训练学生，使之易于适应劳工届的变化等。❷关于劳动教育实施过程的相关研究，库尔迈耶（Kuhlmeier，1998）认为开展劳动教育课程应使用"项目式教学方法"❸。在论述劳动教育课程功能方面，狄德·赫兹（Dedering Herz）强调劳动教育课程的最终目的是让学生对不同工作领域内的基础性实践活动有所了解与准备，并通过了解判断自己是否适合从事这项工作。❹

随着时代的发展，劳动教育越来越受到国家和社会的重视。2015年7月，教育部联合共青团中央、全国少工委印发的《关于加强中小学劳动教育的意见》指出："通过劳动教育，提高广大中小学生的劳动素养，促进他们形成良好的劳动习惯和积极的劳动态度，使他们明白'生活靠劳动创造，人生也靠劳动创造'的道理，培养他们勤奋学习、自觉劳动、勇于创造的精神，为他们终身发展和人生幸福奠定基础。"劳动教育课程的研究热度进一步升温，研究成果也开始丰富化。2020年3月20日，中共中央、国务院发布《关于全面加强新时代大中小学劳动教育的意见》，进一步扩大了劳动教育的范围与影响，"以习近平新时代中国特色社会主义思想为指导"，"把劳动教育纳入人才培养全过程，贯通大中小学各学段，贯穿家庭、学校、社会各方面，与德育、智育、体育、美育相融合，紧密结合经济社会发展变化和学生生活实际，积极探索具有中国特色的劳动教育模

---

❶ 徐海娇. 危机与重构：劳动教育价值研究 [D]. 长春：东北师范大学，2017.
❷ S. 拉赛克，G. 维迪努. 从现在到2000年教育内容发展的全球展望 [M]. 马胜利，高毅，丛莉，等译. 北京：教育科学出版社，1996：235.
❸ KUHLMEIER W. Leading text method. In：Terms from A to Z for practice and Theory in operation and school [M]. Verlag Kallmeyer Selze 1998：105.
❹ DEDERING HERZ. Introduction to the field of work apprenticeship [M]. Munich：De Gruyter Oldenbourg，2000.

式，创新体制机制，注重教育实效，实现知行合一，促进学生形成正确的世界观、人生观、价值观"。劳动教育已经成为学校教育中的一项重大议题。

关于学校实施劳动教育课程的情况还存在一些问题。武秀霞在《"劳动"离教育有多远？——关于劳动教育实践问题的反思》（2020）中提到，要从区域、学校的视角看"劳动教育薄弱"问题。为解决这种困境，刘鹏照、刘西亚、庞茗萱等学者以及浙江省教研室对各地区学校劳动教育情况纷纷进行调查研究，通过调查了解当地学校劳育的实施现状，分析存在的问题和原因，并根据当地实际情况提出了一些反思与对策。

很多学者也意识到劳动教育课程是劳动教育的重要实施路径。卢丽华、于明业等学者认为，如果想让劳动教育有机、有效地嵌入中小学教育体系，将劳动教育精神很好地贯彻到中小学教育实践中，应该立足新时代，从课程角度对这一问题进行分析，劳动教育课程应该回应新时代教育变革的需求。李宗辉等学者则认为，应该开设劳动课，不仅要让学生学会劳动技能，还要推介现代劳动工具和现代劳动方式，着力培养学生的科学劳动态度和创新劳动精神，须坚持理论与实践相结合的教学原则，与考核评价体系相结合。学校应制订劳动课教学计划、管理制度、评价细则、奖惩措施，切实抓好劳动课质量检查，并组织赛课活动。劳动课成绩应写入学生成绩册，期末教师评语应包括对学生劳动表现的评价。这种观点与以德国为代表的劳动教育的实施模式比较相近，比较重视劳动教育与经济、生产、职业的关联及其效果，在学校中单独开设劳动教育课程。张随学、徐新颖等学者认为，中小学实施劳动教育可以通过家校合作以及课堂教学、劳动实践基地等途径进行，落实劳动教育目标，培养学生劳动素养，丰富劳动教育的内涵与外延，为学生终身发展和人生幸福奠定基础。这种观点与以日本为代表的劳动教育的实施模式保持一致，不特别注重劳动教育的经济效果，侧重于其人格陶冶功能，不单独开设劳动教育课程，而将劳动教育寓于学校的各项教育教学活动之中。

还有一些学者对一些学校开始施行校本特色劳动教育课程给予了关注

和研究。孙亦华（2018）以海盐县元通小学为例，分析了该小学建构的校内劳动教育课程、家庭劳动教育课程和社会劳动教育课程。刘中华、隋桂凤（2019）以黑龙江省牡丹江市立新实验小学为研究对象，论述了该校以学生劳动行动力培养为核心，目前已形成以自治、逸美、焕新为支点的三类15门校本课程体系，内容涵盖自我服务、技能训练、国学礼仪、民俗文化、科技普及、班级创意等。焦憬（2021）以河南郑州艾瑞德小学为研究对象，介绍了该校的"四园联动"，把校园、田园、家园、社园有效地结合起来；郑州市纬五路第二小学教育集团遵循"以劳增智，以劳育美，以劳强体，以劳树德，以劳促创新"的课程理念，建设家庭生活课程、校内责任课程、庄园探究课程、社会体验课程、创客劳作课程五大课程群。

中国现阶段正处于各地区学校进行劳动教育课程构建和实施的时期，关于劳动教育课程的研究是劳动教育研究的一个动向热点，研究多集中于课程构建与现行劳动教育课程分析及评价等方面。周奇（2021）在《全面发展视域下中小学劳动教育重构策略》中认为，从全面发展视域来看，需正确认识劳动教育价值，构建完善的课程体系，更新劳动教育课程内容，构建劳动教育体系，加强中小学劳动教育支持，统筹完善劳动教育政策保障。孙莹（2020）在《浅谈中小学劳动教育课程体系的构建》中提到，新时代实施劳动教育，要针对经济与社会发展的新特征、围绕新型产业形态来开展，按照"以体力劳动为主，体力与脑力紧密结合"的原则，将劳动纳入学习任务、纳入课程。范涌峰（2020）在《新时代劳动教育课程的现实样态与逻辑路向》中分析了新时代劳动教育课程的现实样态，并提出了新时代劳动教育课程的逻辑路向：四位一体，劳动教育课程的规范发展逻辑；四方联结，劳动教育课程的特色发展逻辑；四域融合，劳动教育课程的高质量发展逻辑；四维拓展，劳动教育课程可持续发展逻辑。李宗辉（2020）在《如何在基层中小学有效落实劳动教育课》中提出，劳动教育课程应该与考核评价体系相结合。学校应制订劳动课教学计划、管理制度、评价细则、奖惩措施，切实抓好劳动课质量检查，并组织赛课活动。劳动课成绩应写入学生成绩册，期末教师评语应包括对学生劳动表现的评价。

虽然观点有所不同,但是关于劳动教育课程方面的研究已经由早期传统单一的研究视角转向多维度、多方面、多理论的多元化视角。从研究方法来看,很多研究突破了以往思辨法和文献法的禁锢,进行了实证研究的探索,定性与定量研究日渐融合,研究方法走向综合化。

本书以"全人教育"理论为指导和依托,对中国吉林省东南部地区的小学劳动教育课程改善进行研究,探索更具可行性的劳动教育课程方案,以期进一步丰富区域劳动教育课程的相关研究。

2.3.4 劳动教育课程存在的问题

本书通过文献法收集整理了现行学校劳动教育课程存在的普遍性问题,以为接下来的问卷调查与访谈等提供一定的依据,具体情况如下。

(1) 对劳动教育的认知不足、重视度不够,导致课程意识滞后

虽然国家一再强调劳动教育的重要性,并将其放在突出位置上,但是仍然有部分学校、教师、家长对于劳动教育及劳动教育课程的重要性认识不足,影响了劳动教育的实施以及劳动教育课程的落实。第一,对于劳动教育的认知不足。关于何为劳动、何为劳动教育的问题存在疑惑,认为劳动就是简单的家务劳动或体力劳动,劳动教育就是教会孩子们干一些家务活。其实"劳动"的含义包含的范围很广,既分为日常生活劳动、生产类劳动、社会服务性劳动,又囊括体力劳动和脑力劳动,既包括传统性劳动又包括新时代下衍生出的虚拟劳动、创造性劳动、情绪劳动等新的劳动形态。劳动已经突破了"具体劳动和抽象劳动、私人劳动和社会劳动、简单劳动和复杂劳动、脑力劳动和体力劳动、必然劳动和剩余劳动、生产性劳动和非生产性劳动的概念和范畴,传统的关于'脑力劳动与体力劳动''物质劳动与非物质劳动'的二元区分已经无法在根本上把握'后工业'时代劳动的新特点"❶。劳动教育并不只是教会学生一些家务劳动而已,而

---

❶ 户晓坤. "非物质劳动"与资本逻辑——意大利自治马克思主义对政治经济学批判传统的复归[J]. 教学与研究, 2014 (2): 84-89.

是让学生们知道劳动的重要性及光荣性，养成良好的劳动习惯，树立正确的劳动价值观，形成一定的劳动能力。第二，对劳动教育的重视度有待加强。受传统教育的影响，部分学校、教师以及家长认为只有参加中考、高考的考试科目才是学习的重点，而劳动教育及劳动教育课程是锦上添花的学习内容，无也可，有则更好，并没有从根本上意识到劳动教育课程在学生综合素质提高方面的作用，也没有意识到劳动教育对于学生身心全面发展的重要性。受这些因素的影响，学生自然也存在劳动意识淡薄、缺乏劳动素养的情况。第三，对于劳动教育课程的育人功能认识不足。有些学校没有意识到劳动教育课程对于培养学生的重要性，对劳动教育课程的价值理解片面化，对于劳动教育课程的开设存在只为单纯完成上级任务，而不思考劳动教育课程育人本质的情况，没有合理规划劳动教育课程中的内容及目标，造成劳动教育课程存在只有劳动而无教育或者劳动大于教育的情况，劳动与教育被分离。

（2）劳动教育课程开设及运行不规范

2020年，教育部印发《大中小学劳动教育指导纲要（试行）》，要求"在大中小学设立劳动教育必修课程"，并"将劳动素养纳入学生综合素质评价体系"。其中，"中小学劳动教育课平均每周不少于1课时，用于活动策划、技能指导、练习实践、总结交流等，与通用技术和地方课程、校本课程等有关内容进行必要统筹。职业院校开设劳动专题教育必修课，不少于16学时；主要围绕劳动精神、劳模精神、工匠精神、劳动组织、劳动安全和劳动法规等方面设计。普通高等学校要将劳动教育纳入专业人才培养方案，明确主要依托的课程，可在已有课程中专设劳动教育模块，也可专门开设劳动专题教育必修课，本科阶段不少于32学时"。但是，仍有部分学校未将劳动教育作为必修课单独开设，或者在劳动教育主要实施的综合实践课程中劳动教育的比例为零或不够，并且很多学校在实施劳动教育课程时存在课时不足的问题。由于课程设置得不够充分或课时的不充足，导致学生的劳动教育不够，没有达成劳动教育目标。还有一些学校的劳动教育课程内容不成体系或不够科学，虽然看起来内容很丰富，但是可操作性欠佳，实操效果不好。"大多数内容呈现碎片化状态，内容之间互不关联，极少前后照应或者是因果关联。劳动教育相关的内容未能基于特定教育目标实现进行模块化整合。"❶ 关于劳动教育课程的开设，不是"国家课程、地方课程与校本课程的简单拼盘，而是基于学校现实和发展愿景对国家课程、地方课程与校本课程的整体设计与有机融合，从而形成具有总体性的学校课程方案"❷。

(3) 劳动教育课程实践性不足及实践资源紧张

劳动教育课程是一门实践性为主的课程，是让学生通过劳动实践感受劳动、认知劳动的课程。而有些学校的劳动课程设置方面存在实践性不足的情况，课程仍然以传统的讲授课为主，学习方式还是以学生坐在课堂里听和看为主。除此之外，劳动教育课程中广泛存在着无效实践的情况，学生们只过手而不过心，没有从劳动中获得教育。劳动实践作为劳动教育课程中的重要组成部分，必须建立在明确的课程目标之下，对每一次的实践活动需要达到怎样的教育目的要有一个清晰的认识，要依托实践活动达到"在学生中弘扬劳动精神，教育引导学生崇尚劳动、尊重劳动，懂得劳动最光荣、劳动最崇高、劳动最伟大、劳动最美丽的道理，长大后能够辛勤劳动、诚实劳动、创造性劳动"❸的效果，而不是简单完成任务。并且，许多学校严重缺乏劳动教育的校内外实践基地，受学校条件限制，没有足够的场地和教室为劳动教育课程提供实践场所支撑，学生务农、务工等劳动技能得不到训练，此方面的劳动感受缺乏，直接影响到其劳动态度的养成。再加上学校与社会的联动不足，导致学生服务型劳动得不到锻炼、校外劳动实践匮乏，都会使劳动教育课程质量大打折扣。劳动教育实践基地是劳动教育课程实施的基础资源保障，缺乏劳动教育实践场所是当前中小

---

❶ 陈娟. 新时代劳动教育课程的系统化建设 [J]. 教学与管理，2021，832（3）：88-91.
❷ 徐继存. 学校课程建设的认识论问题 [J]. 山西大学学报（哲学社会科学版），2017（3）：136-141.
❸ 习近平在全国教育大会上强调：坚持中国特色社会主义教育发展道路 培养德智体美劳全面发展的社会主义建设者和接班人 [EB/OL].（2018-09-11）[2020-05-13]. http://edu.people.com.cn/n1/2018/0911/c1053-30286253.html.

学校对劳动教育反映最多、最大的问题。

(4) 劳动教育专任教师资源不足

作为劳动教育课程的主要执教人、劳动教育的主要引导者，劳动教育教师在劳动教育的实施部分起着非常重要的作用，而在大中小学普遍存在着劳动教育师资队伍建设不合理的情况。因为对于劳动教育课程不重视，有些学校会让快退休的教师担任劳动教育课程教师，或者让其他科目教师兼任劳动教育课程教师。专任劳动教育教师明显不足，兼任教师专业知识匮乏、劳动教育专业素养不达标，直接影响了课程目标的达成，课程育人效果差强人意。培养一支专门的、热爱劳动教育事业的、具有专业劳动教育知识与素养的教师团队是提升劳动教育效果的重要条件，也是切切实实做好学生劳动教育的核心支撑。

(5) 家校社协同合作性欠佳

因为劳动教育的特殊性，课程的顺利开展不仅需要学校的主体担当，还需要家庭和社会的联动协作，甚至家庭在劳动教育中的作用更胜学校，实施的效果更优。因为家庭中蕴藏着非常多的劳动教育元素，是学生劳动教育的启蒙地，更是学生劳动的主要实施地。但实际情况表明，家庭中普遍存在劳动教育参与不足的情况。虽然现代家长大多数十分认同促进孩子的全面发展，意识到劳动教育很重要，但是由于对孩子过于保护和溺爱，以及重知识性培养、轻劳动教育的影响，导致很多家庭劳动教育缺位，这是影响劳动教育课程实施的重要因素。并且，在实施家校社协同过程中还存在社会资源挖掘利用不充分、学校组织协调不到位等情况，这些都影响了劳动教育课程实施的整体效果。

第 3 章　研究方法与研究步骤

3.1　研究方法

具体研究方法包括文献研究法、问卷调查法、深层访谈法。

3.1.1　文献研究法

文献研究法是通过搜集研究方面相关文献材料并对文献材料进行分析和研究的一种研究方法。通过分析可以从文献材料中梳理所研究内容的相关信息，使研究有据可依，更科学，更具有价值。在本研究正式进行前，研究者通过查找大量的文献，对有关全人教育、劳动教育课程实施的研究进行参阅，了解目前国内外全人教育理论渊源及研究发展情况、劳动教育课程实施的进展、劳动教育课程实施的研究成果，并对文献资料进行深入分析，了解这方面研究现状，归纳还存在的有待挖掘的研究切入点，为本研究实施提供扎实理论基础，确保研究开展得更科学、更全面、更有意义。

3.1.2　问卷调查法

问卷调查法是调查者围绕研究主体，依据问卷编写原则及分析原则，编制具有信度及效度的测试问卷，并根据研究性质及内容选择好被调查者样本，将编制好的问卷分发给被调查者进行情况调查，再将问卷在时效性之内回收，进行科学分析的一种调查方法。本研究将自行编制问卷并针对吉林省东南部地区样本学校发放问卷进行调查，问卷分为教师问卷与学生问卷。通过问卷调查可以了解师生对于劳动教育课程的认识和理解，掌握该地区小学劳动教育课程开设的具体情况与课程实施过程中关于课程目标达成、课程内容实施、教学组织形式运行、教学方式方法和课业评价等几个方面的具体情况。收集数据后通过计算机软件进行数据分析，以调查数据作为分析吉林省东南部地区小学劳动教育课程实施现状的重要依据。调查过程遵循问卷的信效度原则。

3.1.3 深层访谈法

深层访谈法又称谈话法或访谈法，是指研究者根据研究需求制定需要深入访谈的问题提纲，并选取合适的访谈对象针对访谈问题进行有计划、有目的、有方法的访谈交流，以搜集研究相关材料的一种研究方法。深层访谈是质性研究中的研究方法，注重人与人之间的意义理解、交互影响、生活经历和现场情景，是在自然状态中获得整体理解的研究态度和方式。深层访谈需要充分地收集资料，对社会现象进行整体性的探究，采用归纳而非演绎的思路来分析资料和形成理论。本研究在运用此研究方法前，将以问卷法调查结果为基础，查摆出小学劳动教育课程设置及运行过程中的焦点问题，再利用访谈法对样本小学劳动教育课程任课教师进行深入访谈，以得到研究相关的直接、可靠信息和资料。研究者根据问卷结果选定深层访谈目标对象，对吉林省东南部小学劳动教育课程教师进行深层访谈，通过访谈对象的陈述对该地区小学劳动教育课程实施现状进行定性分析，从而提出具有可信性与可行性的具体改善策略。

3.2 研究步骤

本研究是一项理论与实证结合的整合研究，遵循先理论再实证最后

第3章 研究方法与研究步骤

将成果统一整合的研究思路。首先对全人教育、劳动教育与劳动教育课程的理论进行认识与梳理；再对吉林省东南部地区小学劳动教育课程现实情境中的实施情况进行调查，以及对课程所产生价值和影响进行合理判断；最后以此为依据提出能将结果反馈于小学劳动教育实践教学并且可以服务于吉林省东南部地区小学的劳动教育课程优化。具体步骤如下。

第一，通过文献法对研究相关的文献资料进行收集整理与分析，了解关于全人教育、劳动教育及劳动教育课程实施方面的研究现状，并明确全人教育及劳动教育、劳动教育课程的本质内涵、基本特征与价值意义等。

第二，通过对所取样的吉林省东南部地区12所小学（6所城市小学、6所农村小学）的劳动教育课程教师和4~6年级的学生发放问卷进行问卷调查，并对样本小学的若干位担任劳动教育课程的任课教师进行深入访谈，以了解吉林省东南部地区小学劳动教育课程实施的现状。

第三，在问卷调查结果分析的基础上，结合教师的深度访谈，对吉林省东南部地区劳动教育课程实施过程中存在的问题进行问题归因。

第四，以全人教育理论为指导，结合当代劳动教育相关政策以及理论基础，与吉林省东南部地区小学劳动教育课程存在的现实问题进行对接，提出改善该地区小学劳动教育课程实施现状的有效性策略。

本研究围绕三个基本问题展开：中国吉林省东南部地区小学劳动教育课程的现状及特征如何？中国吉林省东南部地区小学劳动教育课程问题点及原因是什么？以"全人教育"为基础的吉林省东南部地区小学劳动教育课程的改善方案是什么？研究思路如图3-1所示。

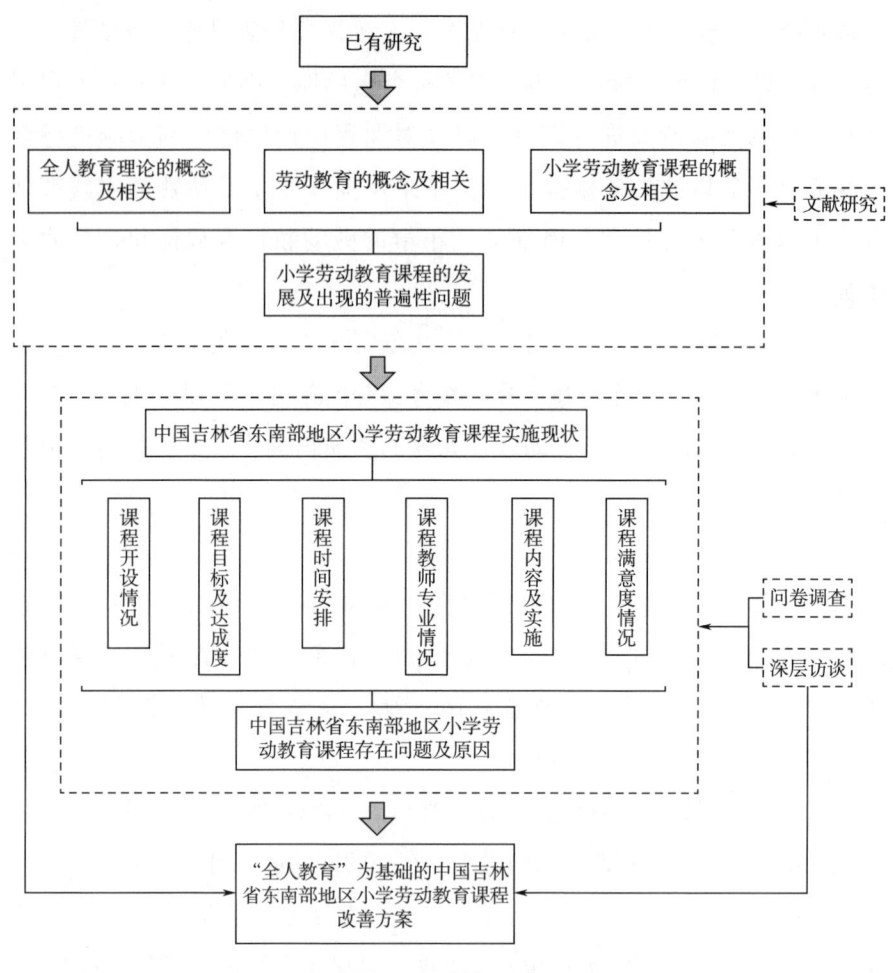

图 3-1 研究思路

3.3 资料的收集与分析

3.3.1 问卷调查

(1) 问卷调查对象的特征

本研究使用了问卷调查法。问卷发放对象为吉林省东南部地区小学的劳动教育类课程教师和4、5、6年级的学生，调查对象涵盖了城市和乡村不同区域的学校的教师和学生。为了保障研究的广泛性和信效度，本研究选取吉林省东南部地区6所城市小学、6所乡村小学，对其劳动教育课程教师和学生进行问卷调查。研究地区限定在吉林省东南部地区小学是因为研究者为吉林省东南部地区唯一一所大学的教师，对于本地区小学教育比较关心，且作为研究者工作地易于抽取样本；城市小学及农村小学的选择是由于考虑了当地小学规模比例，采取适当均衡的原则。教师限定为劳动教育课程任课教师是因为作为任课教师对于课程整体情况有更好的了解和分析，但是由于每个学校劳动教育课程教师配比不是很高，所以总量不是很大。学生限定为4、5、6年级是因为他们已经具备独立阅读和思考的能力，可以保障问卷调查的顺利进行。

预备调查为2022年5月17—19日，为期3天，问卷初稿完成后，经过指导教授和中国2位高校教师及1位小学劳动教育课程教师审查修改后，选取吉林省通化市内的1所城市小学、1所乡村小学发放问卷。发放教师问卷5份，回收5份，回收率为100%；发放学生问卷80，回收71份，回收率为88.75%。通过预备调查确认了问卷的合理性和可信度，以此为基础，最终确定了适合研究的问卷，并用于本次调查。

正式问卷调查的发放途径为问卷星电子问卷，调研时间为2022年5月19—26日，教师问卷共发放40份，有效样本量为37份；学生问卷共发放982份，有效样本量为933份。具体情况如表3-1、表3-2所示。

表3-1 教师有效问卷调查人数统计

类别		调查对象	
		人数	百分比/%
性别	男	6	16.22
	女	31	83.78
学历	专科	9	24.32
	本科	28	75.68
	硕士及以上	0	0
任教学校性质	城市小学	21	56.76
	乡村小学	16	43.24

表 3-2　学生有效问卷调查人数统计

类别		调查对象	
		人数	百分比/%
性别	男	485	51.98
	女	448	48.02
年级	4 年级	308	33.01
	5 年级	235	25.19
	6 年级	390	41.80

(2) 问卷构成及调查内容

结合相关文献，本研究在参阅已有研究和相关文件要求的基础上自行编制调查问卷，问卷初稿完成后，经过3位相关专家学者及1位小学劳动教育课程教师审查修改后，通过发放教师问卷5份和学生问卷80份进行试测，通过对试测结果的分析并结合反馈信息对问卷作出合理调整，形成正式问卷。问卷设计经历三个阶段：第一阶段，根据文献资料与所掌握的劳动教育课程理解与实施现状等初拟问卷；第二阶段，由专业教授审核后进行小范围测试，修改与调整问卷内容；第三阶段，正式形成问卷并发放。教师问卷共分为两个部分：第一部分为基本信息，主要为教师的背景信息，共9个问题，目的在于了解参与问卷调查教师的基本情况，包括性别、学历、专业、学校、任教时间等信息；第二部分共计27个问题，其中26个客观题目、1个主观题目，目的在于了解吉林省东南部地区小学劳动教育课程的开设情况、课程认识情况、课程实施情况以及学生课程评价情况等。学生问卷共分为两个部分：第一部分为基本信息，主要为学生的背景信息，是为了研究参与问卷调查学生的基本信息，包括学校、性别、年级、年龄共4个问题；第二部分共计13个问题，其中12个客观题目、1个主观题目，目的在于了解学生对劳动的态度、对劳动教育课程的认识和理解，以及学校劳动教育课程的开展情况。

吉林省东南部地区小学劳动教育课程实施情况调查问卷结构见表3-3。

表 3-3 吉林省东南部地区小学劳动教育课程实施情况调查问卷

层面	维度	教师	学生
师资情况	专业背景	0	
	学历	0	
	年龄	0	
	课程教龄	0	
	培训情况	0	
课程开设	课程性质	0	
	课程时间	0	0
	年级	0	0
	教材	0	0
课程认识	重视度	0	
	课程价值	0	0
	课程影响	0	
课程实施	课程目标	0	
	课程内容	0	0
	课程场所	0	0
	教学组织形式	0	
	教学方式方法	0	0
课程评价情况	评价学生主体	0	
	评价学生依据	0	
	评价学生方法	0	
	教师自我教学评价	0	0
	课程问题点	0	0

(3) 分析方法

利用 Excel 及 SPSS 20.0 进行描述性统计分析。描述性统计是指运用制表和分类、图形以及计算概括性数据来描述数据特征的各项活动。描述性统计分析要对调查总体所有变量的有关数据进行统计性描述，主要包括数据的频数分析、集中趋势分析、离散程度分析、分布以及一些基本的统计图形。将正式问卷发放后，对问卷收集的资料进行分析和处理。本研究将问卷数据录入Excel并导入软件SPSS 20.0形成数据库，对数据进行统计分析，具体实施情况为依据选择人数进行频率统计。最后，对统计分析输出的图表和结果进行分类和整理，以便下一步的分析说明。

3.3.2 深层面谈调查

(1) 研究对象

为了使研究更加深入和全面，本研究在问卷调查的基础上采取了深层访谈的调查方法，以提高研究的有效性，进一步了解吉林省东南部小学劳动教育课程中存在的问题和改善方向。本访谈的对象为目标学校的劳动教育课程教师，对访谈对象进行限定的依据是：劳动教育课程教师是站在学科前沿的人物，对于学校课程开展的情况有最直观的感受，对课程的问题有最切身的体会，对课程的改善有最迫切的愿望，所以，立足于研究的迫切性与针对性，本研究将访谈对象限定为吉林省东南部小学的劳动教育课程教师。访谈提纲主要是依据前面所提到的劳动教育课程的相关理论以及政策文件并依据问卷调查结果编制而成，主要内容围绕劳动教育课程认识以及课程实施过程中的课程目标、课程内容、教学组织形式、教学方式方法和教学评价等展开，访谈中还对"全人教育"理论的理解进行了访谈。

关于教师访谈对象的个人情况如表3-4所示。

表3-4 教师访谈调查统计情况

编码	性别	劳动课教龄/年	专任学科	学历	职务
T1	女	1	英语	本科	无
T2	女	3	美术	本科	无
T3	男	1	体育	专科	无
T4	女	2	科学	本科	班主任
T5	女	1	语文	本科	班主任
T6	男	1	体育	专科	无

(2) 深层访谈过程

①根据问卷调查结果及文献资料查找出需要深入访谈的问题并编制访谈大纲。请指导教授及中国高校的相关研究教师审阅并提出修改意见进行修改。本研究访谈提纲主要内容围绕劳动教育课程认识以及课程实施过程中的课程目标、课程内容、教学组织形式、教学方式方法和教学评价等展开，访谈中还对"全人教育"理论的理解进行了探讨。

②选取代表性小学的劳动教育课程教师作为访谈对象，依据访谈大纲对被访谈者进行1对1访谈，在征得被访谈者同意后采用录音的方式访谈。在采访过程中，主要依据事先准备好的访谈提纲进行，在访谈者存在疑惑或者被访谈者表述不清晰时可进行追问，且留下被访谈者的联系方式，以便进一步调查。在访谈结束后，对访谈的录音文件进行转录，形成文字稿，并完成访谈调查报告。

③对被访谈者的看法和回答进行全面、及时、客观的记录。

④通过分析访谈资料，对该地区小学劳动教育课程问题进行更全面的了解。

(3) 研究的信效度确保

1) 访谈资料真实有效。

本访谈中资料收集、处理和使用都在言明了研究意图后获得了资料所有人的允许和授权。本研究中个案访谈资料等都在被访谈者真实且自愿的前提下得到与使用，在保证其真实有效的基础上确证其来源正当合理。

2) 访谈对象知情合作。

本研究中涉及的人员通过各种正当途径接触并进行深入访谈，不存在任何违规或侵权的擅自行为。相关人员的访谈在充分告知和阐明意图的情境中展开，对于访谈对象及访谈内容的具体信息都是在被访谈者的意愿和要求中选择性公开呈现，不存在任何暴露被访谈者隐私及违背其意愿的行为。

3) 访谈过程科学严谨。

本研究以问卷调查及文献研究法充分收集关于吉林省东南部地区小学劳动教育课程的相关资料，以此为依托客观设计访谈提纲，并邀请指导教授及高校专家对访谈提纲进行信效度评价。根据问卷调查数据资料选取访谈对象，对访谈对象的答复进行客观、不带偏见的及时、客观、全面的记录，对访谈资料进行科学分析。

第 4 章　吉林省东南部地区小学劳动教育课程实施情况问卷调查与分析

本次调查以教师和学生为问卷对象、教师为访谈对象，围绕吉林省东南部地区小学劳动教育课程的开设情况、师资情况、认识情况、实施情况以及评价情况 5 个层面进行，调查结果如下。

4.1　吉林省东南部地区小学劳动教育课程的开设情况

学校劳动教育课程的开设情况将直接影响课程的地位与教学成效，是本次调查的基础层面也是重要层面。关于课程开设情况的调查结果显示，所有学校都有开设劳动教育类课程，但是各校开设的劳动教育类课程性质不尽相同，12 所学校中单独开设劳动教育类必修课程的学校数为 4 所，占比为 33.00%，单独开设课程但未设为必修课程的学校数为 1 所，占比为 8.00%，在综合实践活动课程中进行劳动教育的学校数为 7 所，占比为 59.00%。多数学校的劳动教育类课程是以在综合实践活动课程中进行劳动教育的形式存在的。通过数据可以看出，吉林省东南部地区很多小学还未将劳动教育课程作为一门独立的必修课开设，没有按照《关于全面加强新时代大中小学劳动教育的意见》"采取有效措施切实加强劳动教育"，未"根据各学段特点，在大中小学设立劳动教育必修课程，系统加强劳动教育"，存在落实政策迟缓，对课程不重视的问题，具体情况如表 4-1 所示。

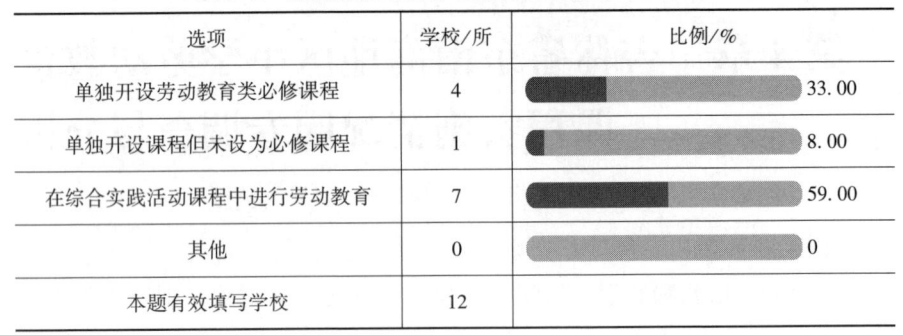

表 4-1 教师所在学校劳动教育类课程的开设方式

选项	学校/所	比例/%
单独开设劳动教育类必修课程	4	33.00
单独开设课程但未设为必修课程	1	8.00
在综合实践活动课程中进行劳动教育	7	59.00
其他	0	0
本题有效填写学校	12	

在学校劳动教育类课程的每周课时安排方面，根据访谈调查和问卷调查了解到，1~6年级均开设劳动教育课，但是每周节次略有不同，以每节课40分钟为标准，每周一节的学校数为9所，每周两节学校数为1所，每周三节及以上的学校数为2所。所有学校都满足中小学劳动教育课每周不少于1课时的要求。具体数据情况如表4-2所示。

表 4-2 教师所在学校劳动教育类课程的每周课时安排

选项	学校/所	比例/%
每周一节	9	75.00
每周两节	1	8.33
每周三节及以上	2	16.67
平均每周不到一节	0	0
本题有效填写学校	12	

综上分析可得，吉林省东南部地区小学都有开设劳动教育课程，课时达到国家要求数量，但是课程开设上存在未按必修课单独开设的情况，这会对课程地位及课程建设质量、实施效果造成一定的影响。

4.2 吉林省东南部地区小学劳动教育课程的师资情况

关于吉林省东南部地区小学劳动教育课程的教师来源方面，通过表4-3

的调查数据可以了解到,大部分课程教师都是兼职教师,占比为75.68%,专任教师比例相对较低,占比为24.32%,专任教师严重不足。

表4-3 教师是否专任劳动教育类课程教师

选项	人次	比例/%
是	9	24.32
否	28	75.68
本题有效填写人次	37	

在教师年龄方面(表4-4),30岁以下为21.62%,30~40岁作为小学教师的主力军年龄层占比最小,为16.22%,41~50岁占比最大,为32.43%,51岁及以上为29.73%。结合问卷调查结果和访谈结果发现,许多学校将即将退休的教师或者刚入职从事音体美等科目的教师任命为劳动教育课程教师,对劳动教育课程的关注度和重视度存在不足。

表4-4 教师的年龄

选项	人次	比例/%
30岁以下	8	21.62
30~40岁	6	16.22
41~50岁	12	32.43
51岁及以上	11	29.73
本题有效填写人次	37	

教师的劳动教育课程任课时间如图4-1所示,67.56%的教师任课不满1年,这些教师基本上没有关于劳动教育课程方面的任课经验,16.22%的教师任课1~3年,任课在3年以上的只有16.22%。从这一数据可以看出,劳动教育课程的师资方面存在流动性大、任教时间短的弊端,教育教学质量得不到良好的保障。

关于教师每学期参与劳动教育课程或活动的相关培训的次数调查,结果如图4-2所示,只有10.81%的教师每学期参与3次及以上,13.51%

的教师每学期参加 2 次,大比例(48.65%)的教师每学期只参加 1 次,还有 27.03% 的教师表示 1 次培训也没有参加过。由此可以看出,吉林省东南部地区小学存在对劳动教育课程教师的培养力度不够、培训机会不多,可能会造成部分教师认识不够、讲授盲目、相关知识匮乏等问题。

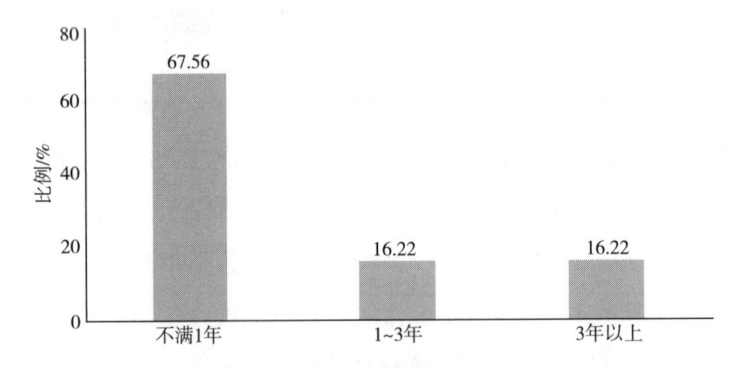

图 4-1 教师的劳动教育课程任课时间

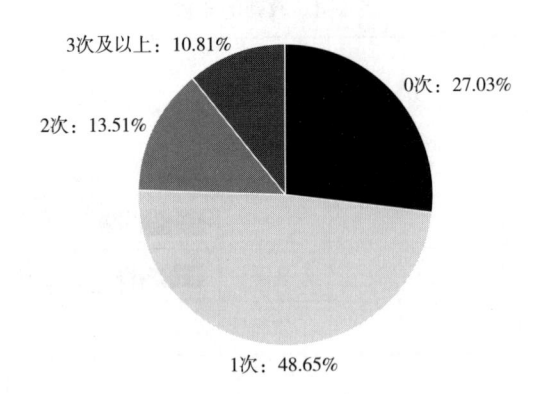

图 4-2 教师每学期参与劳动教育课程或活动的相关培训的次数

4.3 吉林省东南部地区小学劳动教育课程的认识情况

认知和态度对行动的作用是首要的,2019 年 11 月 26 日中央全面深化改革委员会第十一次会议审议通过《关于全面加强新时代大中小学劳动教育的意见》，表明劳动教育已经上升到国家层面。为此，学校管理者应该积极响应，主动作为，改革劳动教育观念，重塑劳动教育理念，积极关注劳动教育课程教师的认知和态度及小学生的认知和态度。劳动教育课程的认识和态度极大程度影响着劳动教育课程的顺利开展和实施效果。

(1) 教师方面

关于吉林省东南部地区小学教师对劳动教育课程的认识，调查问卷中一共涉及5个问题，即"您认为劳动教育类课程重要吗"（第13题），"您所在学校对劳动教育类课程的重视程度"（第14题）"您所教年级学生家长对劳动教育类课程的重视程度"（第15题），"您认为通过劳动教育类课程可以提高学生的哪些能力"（第16题），"您认为学校开展劳动教育与学生全面发展之间的关系"（第17题）。

从图4-3"您认为劳动教育类课程重要吗"的调查结果来看，分别有51.35%和40.54%的教师认为劳动教育课程"非常重要""比较重要"，认为"一般"的有8.11%，可见教师对劳动教育课程重要性的认知程度统一，绝大多数的教师承认劳动教育课程的重要性。

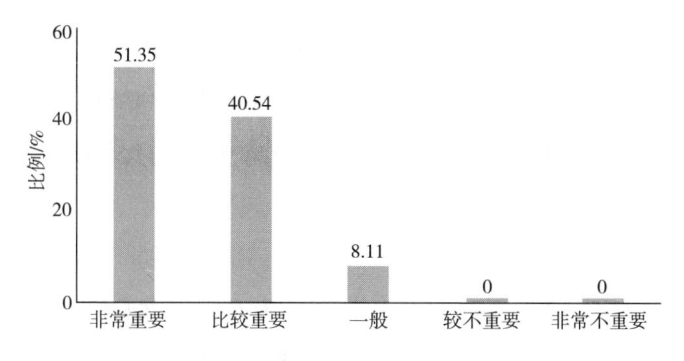

图4-3 您认为劳动教育类课程重要吗

在"您所在学校对劳动教育类课程的重视程度"方面（表4-5），43.24%的教师认为学校非常重视，51.35%的教师认为学校比较重视，

2.70%的教师认为一般，只有2.70%的教师认为非常不重视。可以看出，学校对劳动教育类课程的态度还是比较重视的。在"您所教年级学生家长对劳动教育类课程的重视程度"方面，21.62%的教师认为非常重视，35.14%的教师认为比较重视，40.54%的教师认为一般，2.70%的教师认为非常不重视。由这些数据可以看出，家长对于学校劳动教育课程的重视程度有待加强。

表4-5 您所在学校/所教年级学生家长对劳动教育类课程的重视程度

选项	学校		家长	
	人次	比例/%	人次	比例/%
非常重视	16	43.24	8	21.62
比较重视	19	51.35	13	35.14
一般	1	2.70	15	40.54
较不重视	0	0	0	0
非常不重视	1	2.70	1	2.70
本题有效填写人次	37	100	37	100

对于"您认为通过劳动教育类课程可以提高学生的哪些能力"问题，根据北师港浸大对全人教育的定义："全人教育关注每个学生的智力、道德、体能、社交、情感、审美和精神潜质的提升。旨在帮助学生塑造性格、广泛学习社会知识及技能，养成独立思考能力和解决个人问题的能力，形成崇高的道德意识和社会意识"，将选项限定为劳动能力、社会适应能力、身心健康、智力、道德素质、与人交往能力、艺术感知能力几个部分。其中100%的教师认为有助于提高劳动能力，75.68%的教师认为有助于提高社会适应能力，72.97%的教师认为有助于身心健康，59.46%的教师认为有助于提高智力，56.76%的教师认为有助于提高道德素质和艺术感知能力，54.05%的教师认为有助于提高与人交往的能力，具体情况如表4-6所示。从调查结果可以看出，教师们在对劳动教育课程给学生带来的价值方面具有比较统一的认识，认为劳动教育课程可以提高学生各方

第 4 章 吉林省东南部地区小学劳动教育课程实施情况问卷调查与分析

面的综合能力，有利于促进学生的全人发展。

表 4-6 您认为通过劳动教育类课程可以提高学生的哪些能力

选项	人次	比例/%
劳动能力	37	100
身心健康	27	72.97
智力	22	59.46
道德素质	21	56.76
艺术感知能力	21	56.76
社会适应能力	28	75.68
与人交往能力	20	54.05
本题有效填写人次	37	

关于"您认为学校开展劳动教育与学生全面发展之间的关系"问题，调查结果如图 4-4 所示，教师们达成了统一，全部认为劳动教育类课程有利于学生的全面发展，有利于学生的德智体美劳均衡发展，说明劳动教育课程教师对于劳动教育类课程的影响和价值有了非常正确的认识，高度认可劳动教育的积极意义。

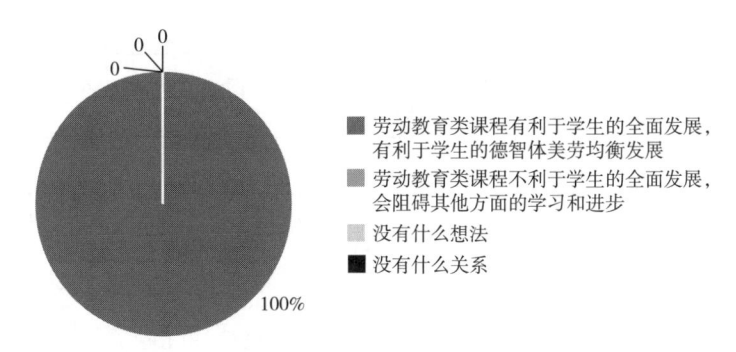

图 4-4 您认为学校开展劳动教育与学生全面发展之间的关系

（2）学生方面

关于吉林省东南部地区小学学生对劳动教育及课程的认识，调查问卷中一共涉及4个问题,即"你认为劳动是一件光荣的事吗"(第5题),"你认为劳动教育类课程重要吗"(第6题),"你认为学校开设的劳动教育类课程对你的成长有促进作用吗"(第7题),"你认为开设劳动教育类课程会给其他科目的学习带来什么影响"(第8题)。

关于"你认为劳动是一件光荣的事吗"这一问题,调查结果如表4-7所示,有98.07%的学生认为劳动光荣,达到了高度的一致性,认为一般的有1.61%,认为不光荣的有0.21%,不清楚的为0.11%。可以看出,学生对劳动的认知比较清晰、一致。关于"你认为劳动教育类课程重要吗"的问题,调查结果如表4-8所示,97.53%的学生认为重要,2.14%的学生认为一般,0.21%的学生认为不重要,0.11%的学生认为不清楚,说明在对劳动教育课程认识方面学生保持着较高的正确认知。

表4-7 你认为劳动是一件光荣的事吗

选项	人次	比例/%
光荣	915	98.07
一般	15	1.61
不光荣	2	0.21
不清楚	1	0.11
本题有效填写人次	933	

表4-8 你认为劳动教育类课程重要吗

选项	人次	比例/%
重要	910	97.53
一般	20	2.14
不重要	2	0.21
不清楚	1	0.11
本题有效填写人次	933	

第4章 吉林省东南部地区小学劳动教育课程实施情况问卷调查与分析

在"你认为学校开设的劳动教育类课程对你的成长有促进作用吗"问题上，调查结果如图4-5所示，只有0.21%的学生认为不起作用，0.86%的学生认为作用不大，1.50%的学生认为有点作用，19.40%的学生认为有作用，而大部分学生认为起着很大的作用，占比为78.03%。

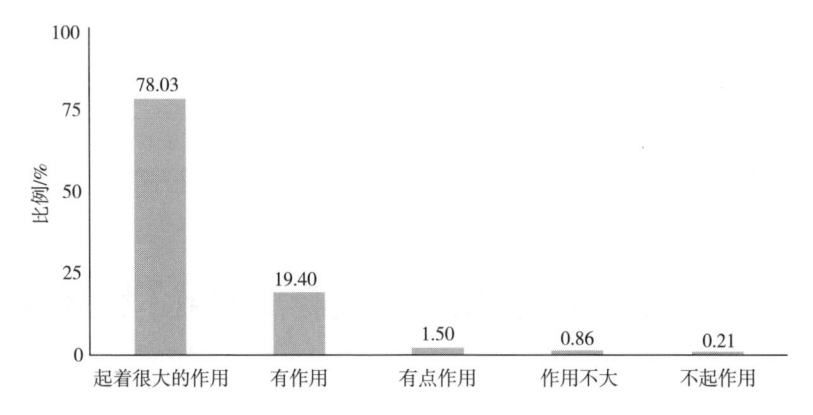

图4-5 你认为学校开设的劳动教育类课程对你的成长有促进作用吗

在"你认为开设劳动教育类课程会给其他科目的学习带来什么影响"问题上，82.32%的学生认为"劳动教育的学习进一步提高了对其他科目学习的兴趣，促进了各科的学习"，1.07%的同学认为"劳动教育课程夺走了我的学习时间，妨碍了其他学科的学习"，16.61%的同学认为"没有什么影响"。认为没有什么影响的同学占有一定的比例。

将"你认为学校开设的劳动教育类课程对你的成长有促进作用吗"（第7题）和"你认为开设劳动教育类课程会给其他科目的学习带来什么影响"（第8题）进行交叉分析，根据表4-9数据可以看出，认为劳动教育类课程重要的同学中有84.01%意识到劳动教育类课程的学习进一步提高了对其他科目学习的兴趣，促进了各科的学习，而认为劳动教育类课程一般重要的同学中有40.48%的比例认为劳动教育类课程对于其他课程的学习是没有影响的。这也可以看出对劳动教育类课程缺乏重视度的同学同样无法清楚地意识到劳动教育类课程对其他科目学习的促进作用。

表 4-9　你认为开设劳动教育类课程会给其他科目的学习带来什么影响 ［人数（比例）］

X/Y 选择	劳动教育的学习进一步提高了对其他科目学习的兴趣，促进了各科的学习	劳动教育课程夺走了我的学习时间，妨碍了其他科目的学习	没什么影响	小计
重要	746（84.01%）	4（0.45%）	138（15.54%）	888
一般	19（45.24%）	6（14.29%）	17（40.48%）	42
不重要	1（100%）	0（0）	0（0）	1
不清楚	2（100%）	0（0）	0（0）	2

4.4　吉林省东南部地区小学劳动教育课程的实施情况

4.4.1　有关课程目标的情况

中共中央、国务院印发的《关于全面加强新时代大中小学劳动教育的意见》中提到，小学劳动必修课要以劳动习惯养成为目标，培养小学生对劳动的兴趣。在劳动教育课程目标情况调查方面，对于"您所在学校选择劳动教育课程目标的依据是什么"的问题中，78.57%的教师选择了课程标准，67.56%的教师选择了教材内容，62.16%的教师选择了考核要求，只有40.10%的教师选择了学生需求，由此可见，绝大部分教师会按照文件中的课程标准和考试要求选择课程目标，这和传统的应试教育带来的影响有很大的关系（表4-10）。学校劳动教育课程目标的制定必然要基于国家制定的课程标准，部分教师仍会结合充分的学情分析，考虑学生需求及社会需求制定行之有效的课程目标。

表 4-10　您所在学校选择劳动教育课程目标的依据是什么

选项	人次	比例/%
课程标准	29	78.57
教材内容	25	67.56

续表

选项	人次	比例/%
学生需求	15	40.10
考核要求	23	62.16

从"您所在学校劳动教育类课程目标的维度从哪些方面设置"的认识来看，分别有92.86%、92.86%和82.14%、75.00%的教师选择"培养基本劳动情感""养成劳动习惯""培养基本劳动能力"和"培养学生全面协调发展"（图4-6），由此可见，吉林省东南部地区大多数小学对劳动教育类课程目标的维度设置有清晰的理解，多数教师认识到了劳动教育类课程应以帮助学生养成劳动习惯、培养学生基本劳动能力和培养学生基本劳动情感及促进学生全面协调发展为目的，但是也可以看到有很多学校对劳动教育类课程促进学生全面协调发展这一目标维度的认识还不够。劳动教育类课程具有育人性，不仅体现在基本技能的培养，还体现在促进协调学生德育、智育、体育、美育的发展方面。培养学生全面协调发展是极其重要的劳动教育类课程目标，不应被忽视。

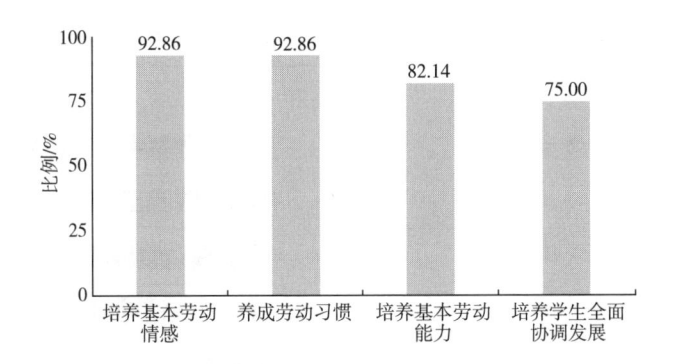

图4-6 您所在学校劳动教育类课程目标的维度从哪些方面设置

4.4.2 有关课程内容的情况

中共中央、国务院印发的《关于全面加强新时代大中小学劳动教育的意见》中提到，学校劳动教育课程应以劳动品德教育为基础，涵盖劳动概论、劳动方法、社会分工、劳动合作等内容。本研究参考其他文献将小学劳动教育课程的主要内容分为家务劳动、劳动技能、社会服务、劳动情感、考察探究、专题活动和职业体验等。具体内容分为家政、烹饪、传统工艺、技术实践、校内劳动、社会公益、志愿者服务、勤工俭学、学军、学工、学农、其他职业体验、社会考察、自我认知、传统节日活动、场馆实践活动等。根据调查结果可以看出（表4-11），吉林省东南部地区小学劳动教育类课程的主要内容中91.89%的教师选择"家务劳动"，91.89%的教师认为包括"劳动技能"，78.38%的教师认为包括"劳动情感"，在访谈中T2和T3两位教师都提到会在课堂中组织学生观看先进劳模事迹或者关于劳动人民的感人故事去培养学生的劳动情感，还有70.27%的教师选择了"社会服务"。29.73%的教师选择了"专题活动"，24.32%的教师选择了"考察探究"，18.92%的教师选择了"职业体验"。调查结果显示，当前绝大多数教师所在学校开设的劳动教育课程主要内容为"家务劳动""劳动技能""专题活动""劳动情感"，开设"社会服务""考察探究""职业体验"相关内容的较少。

表4-11 您所在学校劳动教育类课程的主要内容有哪些

选项	人次	比例/%
家务劳动	34	91.89
劳动技能	34	91.89
社会服务	26	70.27
劳动情感	29	78.38
考察探究	9	24.32
专题活动	11	29.73
职业体验	7	18.92
其他	4	10.81
本题有效填写人次	37	

关于学校劳动教育类课程的具体内容方面，校内劳动（67.57%）、技术实践（64.86%）、传统工艺（59.46%）、家政（54.05%）和烹饪（54.05%）在当地小学的劳动教育类课程具体内容中占比较大，而社会考察（16.22%）、其他职业体验（13.51%）、场馆实践活动（10.81%）、学工（8.11%）和学军（2.70%）占比较小（表4-12）。由此看出，劳动教育类课程的内容分配不均匀，学校常开设一些易于实施的课程内容，一些需要充足资源支持的课程内容在吉林省东南部地区小学并没有得以充分开展。

表4-12 您所在学校开展的劳动教育类课程具体内容有哪些

选项	人次	比例/%
家政	20	54.05
烹饪	20	54.05
传统工艺	22	59.46
技术实践	24	64.86
校内劳动	25	67.57
社会公益	14	37.84
志愿者服务	9	24.32
勤工俭学	6	16.22
学军	1	2.70
学工	3	8.11
学农	8	21.62
其他职业体验	5	13.51
社会考察	6	16.22
自我认知	7	18.92
传统节日活动	9	24.32
场馆实践活动	4	10.81
其他	5	13.51
本题有效填写人次	37	

根据全人教育的目标，在学生问卷中关于"你认为通过劳动教育类课程提高了你哪些方面的能力"这一问题中设置了相应的选项，表4-13调查结果显示，91.21%的学生觉得自己的劳动能力得到了提高，66.13%的学生认为通过劳动教育课掌握了更多的知识，64.95%的学生认为提高了自己的问题解决能力，59.06%的学生认为增加了对学习的兴趣，54.77%的学生认为提高了与人交往的能力，而调整心态的能力和表达能力的提高占比不高，还有提升的余地，在设计课程内容时可以适当添加这两方面能力的培养。

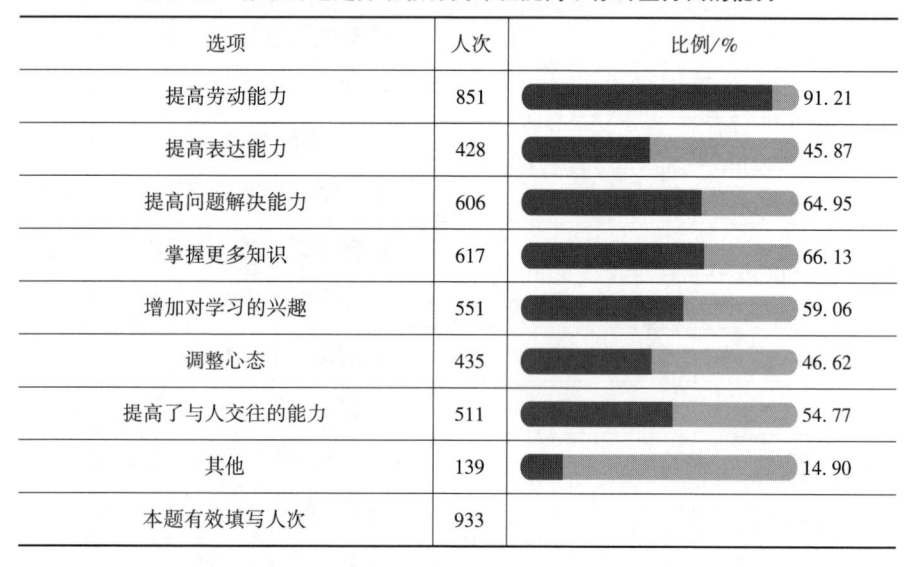

表4-13 你认为通过劳动教育类课程提高了你哪些方面的能力

选项	人次	比例/%
提高劳动能力	851	91.21
提高表达能力	428	45.87
提高问题解决能力	606	64.95
掌握更多知识	617	66.13
增加对学习的兴趣	551	59.06
调整心态	435	46.62
提高了与人交往的能力	511	54.77
其他	139	14.90
本题有效填写人次	933	

4.4.3 有关课程教材的情况

教材是课程内容的科学指导方向，在问及教师与学生劳动教育课程有没有专业教材时，教师中21.62%选择了国家规划教材，在进一步访谈中发现，这是综合实践课的教材，并非劳动教育课程教材。5.41%选择了行政委或教指委统编教材，10.81%选择了地方推荐教材，27.03%选择了校本教材，35.14%的教师选择了无教材（表4-14）。

表 4-14　您所在学校选用的劳动教育类课程教材是什么

选项	人次	比例/%
国家规划教材	8	21.62
行政委或教指委统编教材	2	5.41
地方推荐教材	4	10.81
校本教材	10	27.03
无教材	13	35.14
本题有效填写人次	37	

在对学生进行调查时，有 62.91% 的学生选择了有专门课本，21.44% 的学生选择了没有课本，还有 15.65% 的学生选择了不清楚（图 4-7）。

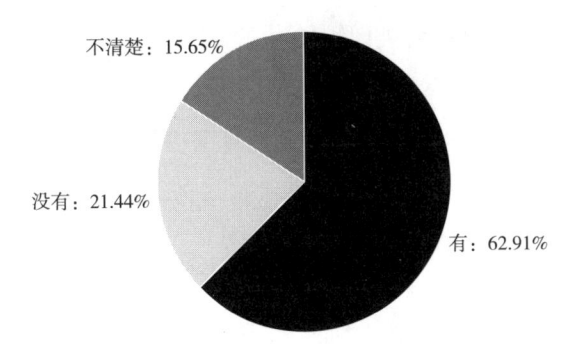

图 4-7　你们学校有专门的劳动教育类课本吗

4.4.4　课程实施场所情况

劳动教育课程具有很强的实践性，这就对课程实施场所有一定的要求。对"您所在学校开展劳动教育类课程的教学场所有哪些"进行调查，结果如表 4-15 所示，该地区小学劳动教育课程实施场所中有 86.49% 的教师和 56.27% 的学生选择了在教室，45.95% 的教师和 51.13% 的学生选择了校内劳动实践场所。说明该地区小学的大部分劳动教育课程还停留在教室和学校里讲、教室和学校里做的传统教育模式。选择校外劳动实践基地的教师占 32.43%，学生占 24.44%，选择专门的劳动教育课程教室的教师有

18.92%，学生有47.37%，这也从一定程度上反映出学校劳动教育课程实施场地受限、资源不足的问题。

表4-15 劳动教育课程实施场所

选项	教师 人次	教师 比例/%	学生 人次	学生 比例/%
教室	32	86.49	525	56.27
校外劳动实践基地	12	32.43	228	24.44
专门的劳动教育课程教室	7	18.92	442	47.37
校内劳动实践场所	17	45.95	477	51.13
其他	3	8.11	63	6.75
本题有效填写人次	37		933	

对于"你希望劳动教育类课程主要在哪里进行"这一问题，可以看出对于校外劳动实践基地和校内劳动实践场所的呼声较高，占比分别为56.27%和51.13%。其次是专门的劳动教育课程教室，占比47.37%。最后才是教室，占比只有24.44%，这种需求是与劳动教育课程实施相匹配的，学校应该注意学生们的需求（图4-8）。

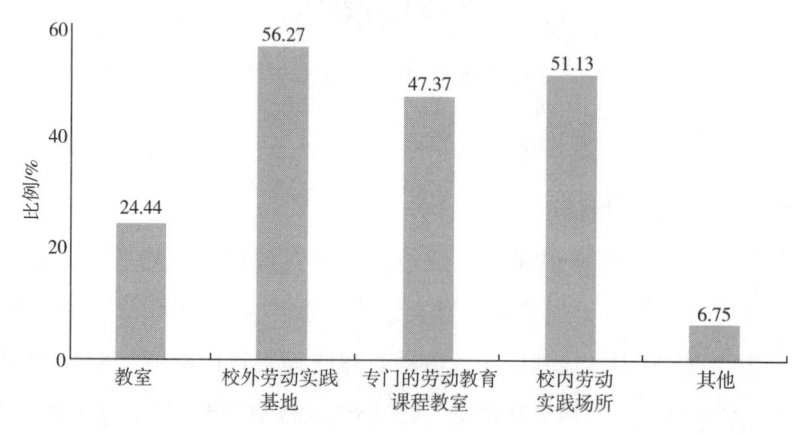

图4-8 你希望劳动教育类课程主要在哪里进行

校外劳动实践教育对于小学阶段也是十分重要的一部分。社会是劳动教育的重要主体，社会教育包含着丰富的劳动教育资源，是多元主体协同参与、动态创新的劳动教育组织形式。学校劳动教育要重点开发社会劳动实践教育资源，开辟校外劳动实践教育基地。基于此，本研究对学校劳动实践基地情况进行了调查。

结果如表4-16所示，51.35%的教师选择了学校拥有农业基地，这也符合吉林省东南部地区农业发展情况，但是有40.54%的教师选择学校没有基地，这也进一步反映了该地区小学实施劳动教育课程资源不足的情况，还有少部分教师选择了学校拥有活动场馆基地、商业基地、志愿服务基地、工业基地和养殖基地。总的来看，该地区小学的劳动实践基地存在种类少、数量少的特点，是需要加强的重点部分。

表4-16 您所在学校有哪些劳动实践基地

选项	人次	比例/%
农业基地	19	51.35
工业基地	3	8.11
商业基地	4	10.81
养殖基地	3	8.11
志愿服务基地	4	10.81
活动场馆基地	9	24.32
没有基地	15	40.54
本题有效填写人次	37	

在关于"您所教的年级学生每学期去劳动实践基地的次数"的问题中，24.32%的教师选择了0次，40.54%的教师选择了1次，16.22%的教师选择了2次，18.92%的教师选择了3次及以上。为了进一步了解年级与每学期去劳动实践基地次数的关系，将"您所教的年级学生每学期去劳动实践基地的次数"与"您所教年级阶段"进行了交叉统计，调查发现，低年级段（1~2年级）的教师66.67%选择了0次，低年级段（1~2年级）、中年级段（3~4年级）的教师40.00%选择了去过1次，

高年级段（5~6年级）的教师20.00%选择了去过1次，总体呈现低年级段参加劳动实践基地活动次数最为缺乏、中高年级段学生相对缺乏的态势（表4-17）。

表4-17 不同年级段每学期去劳动实践基地的次数［人数（比例）］

次数	低年级段 （1~2年级）	中年级段 （3~4年级）	高年级段 （5~6年级）	小计
0次	6（66.67%）	2（22.22%）	1（11.11%）	9
1次	6（40.00%）	6（40.00%）	3（20.00%）	15
2次	0（0.00%）	4（66.67%）	2（33.33%）	6
3次及以上	3（42.86%）	3（42.86%）	1（14.29%）	7

4.4.5 课程设计与授课方式方法

对于"您所在学校的劳动教育类课程设计模式"的问题，调查结果如表4-18所示，51.35%的教师选择了根据学校及地域特点进行特色课程设计，符合劳动教育课程的自主性和地域性特点，选择依照教科书进行课程设计的有27.03%，13.51%的教师选择参照其他学校课程进行课程设计，8.11%的教师选择由任课教师自行设计。教师在进行劳动教育课程设计时还存在照本宣科及不考虑本学校和所教学生实际的情况。

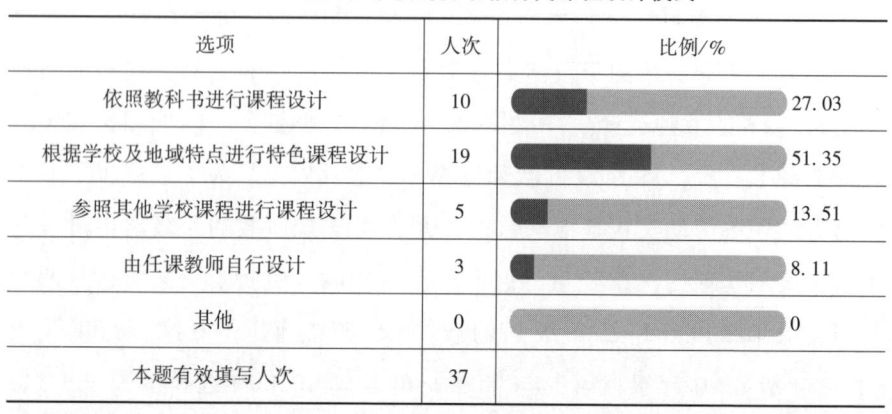

表4-18 您所在学校的劳动教育类课程设计模式

选项	人次	比例/%
依照教科书进行课程设计	10	27.03
根据学校及地域特点进行特色课程设计	19	51.35
参照其他学校课程进行课程设计	5	13.51
由任课教师自行设计	3	8.11
其他	0	0
本题有效填写人次	37	

第4章 吉林省东南部地区小学劳动教育课程实施情况问卷调查与分析

劳动教育课程的教学方式方法包括很多类型，而教师教学方式方法的选择对于课程实施的目标达成与效果体现具有十分重要的作用，"教学方式方法在教学中起着非常重要的作用，因为开展教学任务就必须要运用一定的教学方式方法。教学方式是教学方法的活动细节，教学过程中具体的活动状态，表明教学活动实际呈现的形式"[1]。调查对教师劳动教育课程采用的教学方法和教学方式进行情况统计，首先是对于劳动教育课程基本教学方法的调查，具体数据见表4-19，其中讲授法的占比最高，达到91.89%，其次是演示法（83.78%），练习法（70.27%）、实验法（54.05%）、谈话法（48.65%）、讨论法（45.95%）、实习作业法（32.43%）、研究法（29.73%）、启发法（29.73%）、读书指导法（13.51%）。通过数据可以看出，在教学中讲授法、演示法、练习法、实验法为主要教学方法，但是，在劳动教育课程中比较重要的实习作业法利用率不是很高，这种教学方法是学生在教师的组织和指导下，在校内外的一定场所综合运用所学的理论知识进行实际操作或其他实践活动，以掌握知识，形成技能技巧的方法。实习法的特点是感性、综合性、独立性和独创性，在劳动教育课的生产技术实习等方面可以多加利用。实习法有利于贯彻理论联系实际原则，培养学生独立工作能力和工作技能。

表4-19 您所在学校劳动教育类课程使用哪些基本教学方法

选项	人次	比例/%
讲授法	34	91.89
谈话法	18	48.65
读书指导法	5	13.51
练习法	26	70.27
演示法	31	83.78
实验法	20	54.05

[1] 顾明远. 教育大辞典 [M]. 上海：上海教育出版社，1998：29.

续表

选项	人次	比例/%
实习作业法	12	32.43
讨论法	17	45.95
研究法	11	29.73
启发法	11	29.73
本题有效填写人次	37	

此外，本研究还对教师教学时主要采用的教学方式进行了调查，结果如图4-9显示，有37.84%的教师会采用体验式为主的教学方式，24.32%的教师采用合作式为主的教学方式，21.62%的教师以启发式教学方式为主，只有16.22%的教师采用讲授式为主的教学方式，针对劳动教育课堂，教师们采用的教学方式还是比较合理的。

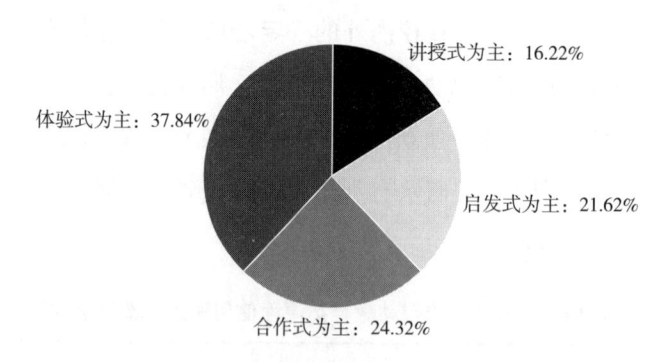

图4-9 教师教学时主要采用的教学方式

同时，我们也对学生进行了提问"你们的劳动教育课程教师主要采用以下哪种方式上课"结果如表4-20所示，54.44%的学生选择了教师带我们体验不同活动，19.08%的学生选择了教师讲我们听，12.33%的学生选择了合作学习，10.40%的学生选择了教师启发我们，3.75%的学生选择了教师让我们自己活动，这些数据也表明该地区小学劳动教育课程已摆脱了"劳动课既是自由活动课，学生可以自由活动"的松散式授课方式。

表 4-20　你们的劳动教育课程教师主要采用以下哪种方式上课

选项	人次	比例/%
教师讲我们听	178	19.08
教师启发我们	97	10.40
合作学习	115	12.33
教师带我们体验不同活动	508	54.44
教师让我们自己活动	35	3.75
本题有效填写人次	933	

当问到学生"你喜欢劳动教育课程教师的授课方式吗"有 87.03% 的学生表示喜欢，10.72% 的学生表示一般，0.86% 的学生表示不喜欢，另外还有 1.39% 的学生认为不清楚（图 4-10）。

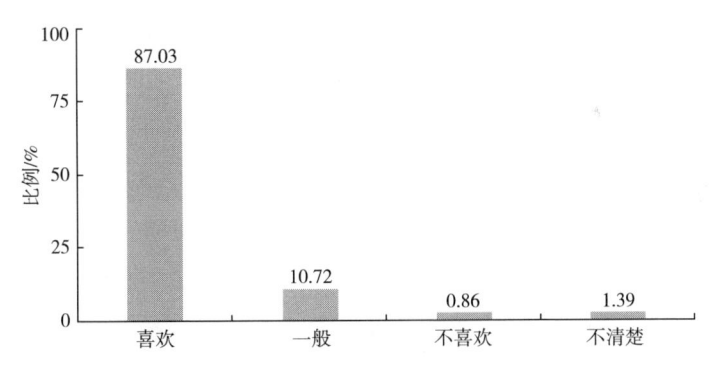

图 4-10　你喜欢劳动教育类课程教师的授课方式吗

在关于学生"完成劳动教育课教师布置的任务时，你和同学们一般使用的方式是什么"的问题上，调查结果如图 4-11 所示，47.04% 的学生反馈是小组合作完成的，34.41% 的学生选择了个人独立完成、小组合作完成、和家长一起完成三种方式都有，13.83% 的学生反馈是个人独立完成，4.72% 的学生反馈是和家长一起完成，也可以看出家长在劳动教育课程任务中的参加比例是比较低的。

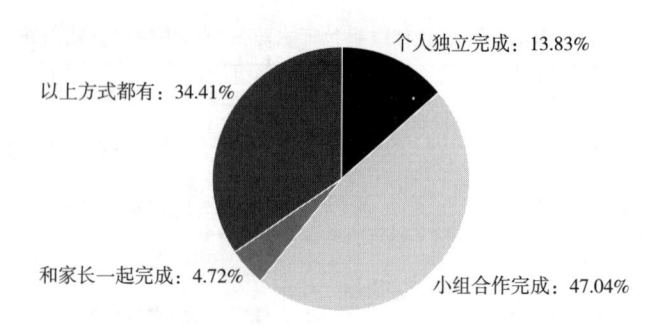

图 4-11 完成劳动教育课教师布置的任务时，你和同学们一般使用的方式是什么

4.5 对吉林省东南部地区小学劳动教育课程学生课业评价及课程评价情况

在对学生的课业评价主体问题进行调查时，结果如图 4-12 所示，约有 89.29% 的教师选择了是由任课教师进行评价，39.29% 的教师选择了由学生评价，28.57% 的教师选择了由家长进行评价，10.71% 的教师选择了由社会人员进行评价。调查结果显示，大多数学校存在传统评价形式中注重教师评价的现象，缺乏学生主体、家长和社会的参与，评价主体较单一。

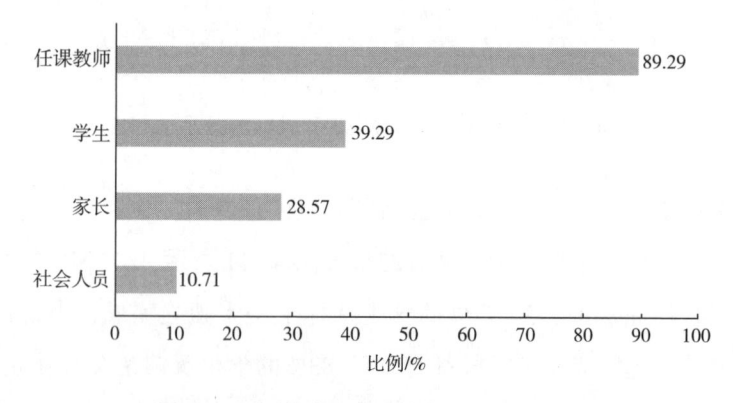

图 4-12 评价学生劳动教育类课业的主体

在关于教师对学生课业评价的主要依据问题，如表 4-21 所示，81.08%

的教师选择了依据劳动作品或成果，67.57%的教师认为应该依据参与活动态度，67.57%的教师认为要以课堂活动表现作为依据，还有16.22%的教师选择了文字作业。在进一步调查对学生课业评价的主要方式时，如表4-22调查数据所示，83.78%的教师会用劳动作品或成果的方式进行评价，54.05%的教师选择实际操作测验，45.95%的教师采用学生自评或互评的方式，29.73%的教师选择了书面考试的方式，13.51%的教师选择了交文字作业的方式，16.22%教师选择劳动档案记录。这里面也反映了两个问题，第一个问题，课业评价过于注重劳动作品及成果，在小学阶段对于学生劳动教育课程的评价应该更注重劳动观和劳动态度；第二个问题是，还有部分学校用文字作业或者书面考试这种不适合的方式作为对学生课业的评价方式。

表4-21　您对学生课业评价的主要依据是

选项	人次	比例/%
文字作业	6	16.22
劳动作品或成果	30	81.08
参与活动态度	25	67.57
课堂活动表现	25	67.57
其他	0	0
本题有效填写人次	37	

表4-22　您对学生进行课业评价的主要方式是

选项	人次	比例/%
书面考试	11	29.73
交文字作业	5	13.51
实际操作测验	20	54.05
劳动作品或成果展示	31	83.78
劳动档案记录	6	16.22

续表

选项	人次	比例/%
学生自评或互评	17	45.95
其他	1	2.7
本题有效填写人次	37	

在对教师认为学校劳动教育类课程存在最大的问题进行调查中发现，有51.34%的教师反馈课程资源不足，这也是我们在做问卷和访谈中发现的最大问题，课程资源的不足严重制约了课程教学的实施效果。有35.14%的教师指出缺乏专业指导，在访谈中，每位教师也都提到了学校的劳动教育课程师资力量过于薄弱，与缺乏专业指导有直接关系。有8.11%的教师认为课时安排太少，常被占用。有5.41%的教师选择了学校不够重视，这也是应试教育大环境下的一个弊端，是需要逐步扭转过来的（表4-23）。

表4-23 您认为学校劳动教育类课程存在最大的问题是什么

选项	人次	比例/%
课时安排太少，常被占用	3	8.11
学校不够重视	2	5.41
缺乏专业指导	13	35.14
课程资源不足	19	51.34
本题有效填写人次	37	

为了解决上述问题，本研究进一步追问了教师"您认为改进劳动教育类课程最应该采取什么措施"如表4-24所示，37.84%的教师选择最应该采取的措施是扩充课程资源，29.73%的教师选择增加相关教师培训，21.62%的教师认为需要社会各方和学校增强支持，还有10.81%的教师反馈应该增加课时。这也为我们指出现时吉林省东南部地区的小学劳动教育课程急需解决的是课程资源和教师培训问题。

表 4-24 您认为改进劳动教育类课程最应该采取什么措施

选项	人次	比例/%
增加课时	4	10.81
扩充课程资源	14	37.84
增加相关教师培训	11	29.73
社会各方和学校增强支持	8	21.62
本题有效填写人次	37	

在问及教师关于劳动教育教学的成就感与积极性问题，有59.46%的教师认为有一定的成就感，有工作积极性；有27.03%的教师认为非常有成就感，非常有工作积极性；有13.51%的教师认为没有工作成就感，但有工作积极性。当访谈中问到没有工作成就感的原因时，教师反馈很大原因在于对于劳动教育课程教师的不重视以及缺少相应的教师评价政策（表4-25）。

表 4-25 您对劳动教育教学的成就感与积极性

选项	人次	比例/%
非常有成就感，非常有工作积极性	10	27.03
有一定的成就感，有工作积极性	22	59.46
没有工作成就感，但有工作积极性	5	13.51
没有工作成就感，也没有工作积极性	0	0
本题有效填写人次	37	

第5章　吉林省东南部地区小学劳动教育课程实施情况深层访谈调查与分析

本研究对来自6所学校的6位劳动教育课程教师进行了深层访谈，6位教师基本情况如下：T1教师为劳动教育课程兼职教师，专任工作为英语教师，性别女，本科学历，劳动教育课程任教时间为1年，任教学校为城市小学。T2教师专任学科为美术，兼职从事劳动教育课程教学，性别女，本科学历，劳动教育课程任教时间为3年，任教学校为乡村小学。T3教师专任学科为体育，性别男，专科学历，劳动教育课程任教时间为1年，任教学校为乡村小学。T4教师专任学科为社会科学，性别女，学历为本科，职务为班主任，劳动教育课程任教时间为2年，任教学校为城市小学。T5教师专任学科为语文，性别女，本科学历，职务为班主任，劳动教育课程任教时间为1年，任教学校为乡村小学。T6教师专任学科为体育，性别男，专科学历，劳动教育课程任教时间为1年，任教学校为城市小学。

5.1 调查结果

访谈提纲分为四大部分进行设定，第一部分为教师对劳动教育的认识，共有2个小题；第二部分为关于劳动教育课程的实施方面，共有5个小题；第三部分为师资情况，共有1个小题；第四部分为劳动教育课程现状评价，共有6个小题。围绕提纲分别对6位劳动教育课程教师进行了深层访谈，结果如下。

5.1.1 教师对劳动教育的认识

在访谈中，本研究首先对课程教育认识问题进行了提问，以此来判断任课教师对于所教课程的理解情况和课程教育意义的感知情况。

问题1：您所理解的"劳动教育"中的"劳动"是怎样的内涵？有5位教师将劳动的内涵解释为体力劳动和脑力劳动两种形式，并通过劳动创造社会价值和个人价值。有1位教师（T4）提出现今社会劳动的形式是多种多样的，劳动是人类社会生存和发展的基础，主要是指生产物质资料的过程，通常是指能够对外输出劳动量或劳动价值的人类运动，劳动是人维持自我生存和自我发展的唯一手段。在回答这一问题中，教师们普遍存在将劳动定义窄化为简单的体力劳动为主再加上一定脑力劳动的活动，而忽视了符合现代社会的虚拟劳动、创造性劳动、知识劳动、创意劳动、管理劳动、情绪劳动等新的劳动形态。没有较好地领会劳动的内涵，也就不能很好地理解恩格斯提出的劳动"是整个人类生活劳动价值的第一个基本条件，而且达到这样的程度，以致我们在某种意义上不得不说：劳动创造了人本身"。手的使用和语言、思维的产生，都是在生产劳动过程中形成和发展的。正是由于劳动，人类才得以从动物界中分化出来，所以说劳动创造了人本身。教师对劳动教育核心内涵的理解不清也会映射到教学过程中，影响课程教学质量。

问题2：2020年3月20日中共中央、国务院发布了《关于全面加强新时代大中小学劳动教育的意见》，认为在当今的青少年中劳动的独特育人价值在一定程度上被忽视，劳动教育正被淡化、弱化。认为根据各学段特点，在大中小学设立劳动教育必修课程，系统加强劳动教育。在回答"您对这一意见有何看法？"中，T2、T3和T5 3位乡村小学的劳动教育课程任课教师大致表示对《关于全面加强新时代大中小学劳动教育的意见》没有进行学习，并不是十分了解。T1、T4 2位教师认为国家出台的《关于全面加强新时代大中小学劳动教育的意见》非常有必要，也非常适合我国现代国情，受唯分数论的影响和家长过分宠爱，很多小学生出现劳动意识不足，劳动认识偏差的情况，需要对劳动教育进行强化以促进学生的全面发展。T6教师认为，虽然国家意识到我国大中小学的劳动教育欠缺，也作出相关指示，但是从中央到地方的层层落实可能会出现打折和缩水的情况，

第 5 章　吉林省东南部地区小学劳动教育课程实施情况深层访谈调查与分析

再加上中考、高考"指挥棒"的影响，即使大家意识到劳动教育对学生的重要性，但还是会把劳动教育作为不重要的部分去对待。可以看出部分教师对劳动教育的政策不明、内涵把握不清。忽视劳动教育本身所承载的含义与价值。在根据问卷调查数据追问对劳动教育的重视情况时，T2 教师提道："这个数据可能是作为劳动教育课程老师们的一种乐观想法，其实在学校及家庭中大家虽然知道劳动教育作为学生全面发展中的一部分是非常重要的，但是由于应试教育的影响，可能更多学校和家长首先考虑的不是学生的'全人发展'，而是成绩和升学问题。所以，相应地，劳动教育及劳动教育课程也不是很被重视。"T4 教师也指出："考试升学制度不变，劳动教育再被倡导也还是会出现被忽视的现象，劳动教育课程也还是被作为边缘学科，除非将劳动教育也纳入应试当中。"

5.1.2　劳动教育课程实施情况

问题 3：您所在学校是什么时候开始开展劳动教育课程的？在回答这一问题时有 4 位教师表示本学校的劳动教育课程是从 2020 年开始的。按照时间来看是在中共中央、国务院发布《关于全面加强新时代大中小学劳动教育的意见》后为了响应国家政策开始实施课程的。还有两位教师表示学校还没有正式开设劳动教育课程，劳动教育是在早期开设的综合实践课程当中作为一部分进行实施的。在吉林省东南部地区小学存在劳动教育课程开设晚，未开设专门的劳动教育课程的问题。

问题 4：您认为小学阶段劳动教育课程的目标和内容应该包括哪些？关于课程目标方面提及频率最高的词汇为劳动能力、劳动精神、劳动情感，6 位教师普遍认为劳动教育课程的目标是提高学生基本劳动能力，帮助学生树立正确的劳动精神，使学生养成热爱劳动和热爱劳动人民的劳动情感。其中，T2 教师还提到，针对小学不同学段，劳动教育课程目标也应该有所区别，低年级学生应更注重劳动情感的培养，高年级学生应该更注重劳动技能的培养，这也符合我国对于小学劳动教育实施政策的方针。在对 T4 教师进行访谈时提道："我们学校是通过综合实践课进行劳动教育的，也没有什么具体的教育目标，劳动教育都是一个个小专题，比如说我教的低年级有'我爱校园'活动，会带着学生在校园里捡捡树叶拔拔杂草。"同时T2教师也提到有些学校在综合实践课中进行劳动教育，劳动教育还是占比比较小的，因为综合实践课有属于这门课程的培养目标，而劳动教育课程有属于劳动教育课程的培养目标，这两者不应该是包含与被包含的关系，这种课堂中的劳动教育会大打折扣的相关问题但是几位教师没有提到劳动教育与其他几方面教育的链接关系和共育目标，使劳动教育的目标存在狭义和割裂的问题。关于课程内容方面，提及频率最高的词汇有家务劳动、校园劳动、手工技能、田园劳动、社会服务。在谈及所在学校劳动教育内容方面，教师们普遍反映学校劳动教育课程内容存在片面倾向，内容不够丰富，缺少科学规划。T5教师提到，学校的劳动教育并没有切实可行的计划和内容，例如，相关部门组织的卫生检查，学校就会临时安排学生进行大扫除，作为一次劳动教育活动。

问题5：您所在学校是否有劳动教育课程专用教材，是自编的还是选用的？有3位教师表示学校没有劳动教育课程专用教材。T2教师提道："学校正在组织编写校本教材，具体完成时间待定。"其他2位教师表示学校所用教材为行政委或教指委统编教材，1位教师提到因为是在综合实践课中进行劳动教育，所以教材也是综合实践课程的教材。可以看出，学校在劳动教育课程教材方面是比较紧缺的，缺少教材的规划性指导，劳动教育课程的内容在板块分布方面难免出现失衡。

问题6：您通常采用什么教学组织形式开展劳动教育课程？采取哪种教学方式方法？其中教学效果较好的有哪些？6位教师会采用班级授课制和分组教学制两种形式，几乎不会用个别教学制。在问及会采取哪种教学方式方法时，出现频率较高的为讲授法、练习法、演示法、谈论法。而比较适合劳动教育课程的角色扮演法和项目教学法等较少被提及，在进一步提问时发现教师对于有些教学方式方法也不是很了解，更不要说使用了。T4教师表示："角色扮演法有时候还是存在的，让学生角色扮演不同的职业，体会不同的劳动过程，情境教学法就是设置一个情境，让学生在情境中进行学习。"T3 教师也表示："问题探究法有时候会用到，项目教学法是否为先设置项目，然后进行教学？没怎么用到过。"6 位教师普遍反映运用分组教学效果比较好，学生也更喜欢演示法、练习法这种可以动起来的教学方法。

问题 7：您认为劳动实践基地重要吗？您所在学校的劳动实践基地情况如何？6 位教师都认为劳动校验基地非常重要，表示劳动教育课程更偏向活动与实践性课程，在各种实践基地中可以更直观地进行课程教育，学生也可以切身地去体验、去学习。但是当问及"您所在学校的劳动实践基地情况如何"时，教师们普遍反映学校校内几乎没有劳动实践基地，校外劳动实践基地也主要是和其他部门联系获得允许后再进行活动。T5 教师提道："我们的课程大部分是在教室课堂中进行的，会在课堂中进行手工制作、劳动讲解还有劳动情感教育等。"T1 教师表示："学生的安全是开展校外项目的首要考虑因素，安全不到位，我们很少联系校外开展劳动教育。再一方面，校外劳动实践基地也不是很好联系的，都觉得小学生太小还好动，会给基地带来麻烦。"总的来看，吉林省东南部地区小学的劳动实践基地存在种类少、数量少的特点，是需要加强的重点部分。

5.1.3 师资情况

问题 8：您认为学校的劳动教育课程师资力量如何？存在哪些问题？需要如何改进？结合访谈了解到，劳动教育课程任课教师普遍年龄偏大，T2、T3 和 T6 教师都提到学校会把快要退休的教师安排在劳动教育课程岗位，因为这种安排一是可以照顾快退休的老师，让他们可以退居二线不用再承担那么大的教学任务压力，二是可以解决劳动教育课程教师不足的问题。但是 T2 教师也表示劳动教育课程作为新课程要融入新时代特征，任教教师年龄层偏大虽然在教学经验上更丰富一些，但是因为还是以兼职教师为主，教师不够专业，再加上学习新知识和创新能力稍微弱一些，就会影响劳动教育课程的质量。T3 教师也说道，应该把一些年轻的有创新精神的教师安排在这个岗位上，因为新时代的劳动教育是需要创新的，如果师资跟不上新时代劳动教育的步伐只会出现穿新鞋走老路的情况。T6教师认为，建设专业的劳动教育师资队伍很重要，自己作为体育教师对于劳动教育还是很陌生的，但还是要硬着头皮上，因为有这个工作安排，但是自己上课的专业性和科学性是得不到保障的。T1教师认为，学校组织的针对教师的劳动教育相关培训太少，对于网络比较发达的当今社会，其实很多时候不需要教师外出学习也能掌握相关领域的新思想新观点，但是自己获得培训方面的信息渠道比较闭塞，学校又不太重视。希望学校可以帮助教师多参加相关培训或提供信息渠道。T4、T5两位教师认为，现在学校劳动教育课程教师人数太少，一个学校只有1~2名教师，授课压力大，同时专业问题也很值得关注，如何提高教师的专业性也是需要尽快解决的问题。希望学校可以真正重视劳动教育课程，合理分派教师，通过一些方式来提高教师的专业性。

5.1.4 劳动教育课程现状评价

问题9：您是如何进行劳动教育课程评价的，您所在学校有哪些劳动教育课程评价方式？T1和T2教师表示，学校对劳动教育课程的学生评价没有具体的标准，教师们都是根据学生的课堂表现进行简单评价的。T2教师提道："对自己的劳动教育课程实施效果不是很满意。学校注重的还是学习成绩，劳动课并没有专门的评价体系。"T3教师提道："目前劳动教育课程并没有一个很明确的评价标准，可能只在某个方面根据学生的成果和表现简单打分，也没有严格参考的打分标准。例如，在校园卫生方面，根据各组同学哪个组打扫得更干净，就给哪个组优，其他组给良好，让其下次继续努力。"T4教师表示，对学生课业评价会采取教师评价和学生互评的方式，教师主要是通过课堂表现和一些实践成果来进行评价，如学生的手工作品质量与创意情况等。而学生互评主要是在小组活动中进行，让小组中的同学互相评价对方的劳动成果或者行动。T5教师表示，学校没有什么劳动教育课程评价标准，评价是根据劳动活动的类型进行评价的。例如，这次的劳动活动是打扫班级卫生，那么就会进行各班级评比，然后把

第 5 章　吉林省东南部地区小学劳动教育课程实施情况深层访谈调查与分析

成绩纳入班级考核中，班级中各组也会进行劳动情况的对比。T6 教师表示，关于学生课业的评价有教师评价，主要依据课堂表现和劳动成果；学生互评，大家一起评出较好的作品或者表现优秀的同学；社会评价，包括家长对孩子课后任务的评价以及社会人员对学生的实践表现的评价。

问题 10：您所在学校对于劳动教育课程教师有什么考评办法吗？6 位教师都表示学校并没有将劳动教育课程纳入教师考核范围内，作为劳动教育课程教师是比较迷茫的，对自己的教学活动也只能通过自我评价和学生的反映来判断。其中 T4 教师表示，学校每年会有听课组来听一次自己的劳动教育课，但是没有具体的评价标准，而是以课堂组织形式和效果、学生课堂表现以及教师的课堂表现来进行综合评价的，对于表现好的学生会给予鼓励，表现欠佳的会提出一些意见。T6 教师提道："对我们的评价，就是有时候会看看教案一类的。"

问题 11：劳动教育课程开设后，在学生素养等方面取得了哪些成绩和效果？T1 教师指出，通过劳动教育课学生的动手能力得到了很大的提高，并且对劳动产生了很大的兴趣。学生期待上劳动课，期待通过劳动课掌握一定的手工技能和知识。T2 教师认为，通过劳动教育课程学生对劳动有了更全面的理解，对劳动价值观有了更正确的掌握，学生的动手能力得到了提高，团队合作精神也有了相应的提高。T3 教师认为，劳动教育课程不仅提高了学生的劳动能力，在生活自理能力以及与人相处方面也得到了进步。T4 教师表示，劳动教育课程可以补齐原来只注重学生智力知识教育的短板，使学生做到真正的德智体美劳全面发展。T5 教师表示，劳动教育课程教会了学生尊重劳动者和尊重他人的劳动成果，让学生以同理心去对待自己的父母和老师，学生更懂事、更体贴了。T6 教师认为，通过劳动教育课程学生不仅学会了一些手工技能，还了解了劳动的分类与分工，在课程中享受了快乐也更能体会劳动会给人们带来快乐的真谛，学生的综合素质达到了全面的提高。通过 6 位教师的回答可以看出，劳动教育课程使学生在劳动技能、劳动价值观和劳动情感等方面得到了很大的提高并且促进了学生综合素质的提高，有利于学生的全人发展。

问题12：您认为您所在学校劳动教育课程是否有独特性？包括哪些？T1教师觉得自己学校的劳动教育课程总体来说还是比较中规中矩的，但是会针对一些热点问题设计一些实用的专题内容。T2教师表示，自己学校正在着手打造劳动教育校本课程，想要根据学校特色和地方特色进行编写，但是现在还在筹划中。T3教师和T4教师都提道："其实这些所谓的独特性大部分是形式大于内容的"，大多数是将旧有内容改头换面成新内容，如T4教师学校的一个劳动教育特色专题叫作"我的四季园"，课程内容原本是在学校的小花园中种植花草以观察植物的春夏秋冬的不同形态，了解种植植物的基本技能，感受播种和陪护植物的过程并意识到自然之美以及人和植物的互动美。可是，在具体实施过程中，"四季园"的植物是学校护工早已种植好的，学生只是在上课时捡树叶、拔杂草而已。T5教师表示，自己学校的劳动教育课程比较常规，如果说学农体验算是特色的话，学校这方面做的还是比较多的。T6教师表示，学校劳动教育课程最大的特色是每学期每个班会抽出一天时间去实践基地学习，学生可以根据自己的兴趣选择学习项目，这些学习项目包括面点烘焙、烹饪、园艺、科学探索、手工制作。各个项目有实践基地的教师进行授课指导。

问题13：您对您的教学活动是否感到满意？如果满意，您觉得哪些方面成效显著？如果不满意，您认为哪些方面存在问题？其中T1、T3、T6三位教师对自己的教学活动相对满意，T1教师表示自己会尽最大的努力去备课和组织教学，学生也可以从自己的课堂中学到知识，这是她比较满意的地方。T3教师表示，虽然学校只有一名劳动教育课程教师，课程任务量有些大，但是在硬件实施上还是会给予尽可能的支持，这让他的课堂变得生动有趣，因为自己有体育教师的教学经验，可以让学生更多地参加到劳动中，学生可以从劳动中体会到快乐。T6教师表示，教学活动是要围绕学生开展的，在教学中自己有关注到不同年级学生的特点设置一些符合学生特点的活动，让学生在轻松愉快的氛围中学习。其中T2、T4、T5三位教师对自己的教学活动不是十分满意，T2教师认为虽然自己的美术专业可以给课堂教学带来很多创意，但是因为缺少专业的指导和专业的教材，有很多时候是无从下手的。因为美术课中也有一部分手工制作，劳动教育课程中也有，两者之间的差别和联系该如何拿捏把握得不是很准确。T4 教师认为因为学校对于劳动教育课程的重视度有限，所以自己在教学中的性质也不是很高，总觉得是在做一件大家都不是很在意的事情，但是自己也会尽全力去用心教学，因为想给学生带去好的教育。T5 教师表示，自己主课是语文，教学任务量很大，对语文教学的重视度更高，因为精力有限，放在劳动教育课程上的精力就比较少。

问题 14：您认为您所在学校的劳动教育课程开展过程中遇到的阻力和难点是什么？几位教师都提到了是学校和家长的重视度问题，虽然大家都了解在应试考试的现状下，参加考试的课程肯定会受到更多的关注和重视，但是在当今社会劳动教育对小学生的意义也是非常大的，希望学校和家长可以提高重视度，保证课程时间和效果。其中有提到课程被占用的情况，T1 教师提道："劳动教育课在平时还是基本能保证一周一次的，但是到了期中考试或者期末考试前后基本上会被数学、英语、语文这几大主科轮番霸占。"T5 教师也提道："因为自己是语文兼职劳动教育课程教师，优势会在考试前占用劳动教育课堂进行语文复习"。T2、T3、T6 三位教师也再次提到教师专业度和教师质量是学校劳动教育课程高质量发展和运行的阻力，希望在这个方面大力加强。T1、T2、T3、T5 四位教师还提到了课程资源短缺也是学校劳动教育课程实施的一个重要阻力，希望学校及有关部门可以完善好课程教材问题、活动场地问题、实践基地问题和教具提供等问题。

5.2 深层访谈分析方法

访谈采用结构访谈提纲与受访者一对一地面对面访谈，访谈在经得访谈者同意后，采用录音的方式。在采访过程中，遇到有价值的新问题会进行追问，且留有被访谈者的联系方式，以便进一步调查。在访谈结束后，对访谈的录音文件进行整理，形成文字稿，以访谈资料作为原始资料，结合问卷调查数据及文献资料作为论证的依据，反复比对研究，从原始资料中总结出客观的吉林省东南部地区小学劳动教育课程出现的问题及原因。对访谈资料进行归类分析后还要根据本研究依据的全人教育理论视角对其进行反思性理论化处理，这个处理的过程还需要随机对访谈人员进行电话回访，按研究需要寻找补充性材料。整个资料整理和分析的过程有赖于访谈对象的全情配合，这也为后面的成果验证与输出奠定了基础。

第6章 结论和建议

新时代，劳动教育的实施是非常重要的一个环节，在科技不断发展、劳动形态不断变化、教育改革不断推进的今天，要求我们加强对劳动教育的思考。"全人教育"是一种以学生为中心的教育理念，可以使学生作为一个完整人在情感或是意志方面都得到极大的关注，有利于学生的健康和全面发展。从全人教育的视角来看待劳动教育课程发展的理论意涵，审视劳动教育中蕴含的多维教育功能，有助于更准确地把握劳动教育的时代价值与实践路径。小学阶段是整个教育过程的基础阶段更是奠基阶段，在"全人教育"基础上实施的劳动教育课程有利于培养学生健全的劳动价值观，形成积极健康的劳动品质，并且对小学生的文化知识学习、技能学习、道德发展提供有力保障，为小学生的全面发展提供助力。

本研究是以"全人教育"理论为基础对吉林省东南部地区小学劳动教育课程进行改善的研究。首先，通过文献研究法梳理国内外既有关于"全人教育"、劳动教育、区域性基础教育课程等相关文献和研究动向，收集研究相关资料。其次，以吉林省东南部地区小学劳动教育课程为调查对象，运用调查法自编调查问卷对选定小学的教师和学生进行问卷调查搜集相关数据并运用描述性统计分析法进行科学合理的分析，了解该地区小学劳动教育课程实施的现状及课程出现的问题。再次，利用深层访谈法在问卷调查数据基础上进一步实施访谈调查，根据文献资料及问卷调查数据客观地设置访问提纲，对目标小学的领导及教师进行深层访谈并对结果合理分析，得出吉林省东南部地区的劳动教育课程存在对劳动教育认识理解不充分、劳动教育课程体系不健全、劳动教育课程师资力量薄弱、课程组织形式固化、课程资源缺乏、课程评价缺乏依据标准的问题。最后，针对问题进行合理分析，以"全人教育"为理论基础推进符合吉林省东南部地区小学劳动教育课程的改善方案如下：建立新劳动教育课程价值观，服务全人发展总目标；立足时代背景与民族文化，将耕读文化融入劳动教育；发挥高层站位，打造吉林省东南部地区劳动教育实践基地；建立突显实践性的"全人教育"理念劳动教育课程；完善"全人"理念劳动教育课程体系；构建高质量劳动教育教师团队；建立完善的课程与教师评价体系；做好家校社协同开展劳动教育。以这些策略拓展"全人教育"理论基础下小学劳动教育渠道，丰富小学劳动教育方式，提升小学劳动教育者的专业素养，培养学生养成高尚的道德品质、健全的人格、学习社会知识及技能以及善于思考与解决问题的能力。

6.1　吉林省东南部地区小学劳动教育课程实施情况调查结论

本研究的目的是通过诊断吉林省东南部地区小学劳动教育课程的现状，了解该地区小学劳动教育课程存在的问题。以此为基础，研究的目的是在小学教育现状下，在"全人教育"理论基础上对该地区小学劳动教育课程提出合理的改善方案，综合讨论迄今为止得出的研究结果所体现出的问题。

6.1.1　对劳动教育认识理解不充分

第一，教师对于劳动教育的内涵掌握还不是很深入。劳动教育是"全人教育"中的重要内容之一，随着劳动手段机械化和自动化程度的不断提高，劳动呈现出新的形态。劳动的外延已经突破了具体劳动和抽象劳动、私人劳动和社会劳动、简单劳动和复杂劳动、脑力劳动和体力劳动、必然劳动和剩余劳动、生产性劳动和非生产性劳动的概念和范畴，传统的关于"脑力劳动与体力劳动""物质劳动与非物质劳动"的二元区分已经无法在根本上把握"后工业"时代劳动的新特点❶，伴随劳动内涵的丰富，劳动教育也不再单单是指简单的生产劳动和体力劳动的技能教育，逐渐转向更为丰富的层级。但是部分教师、家长并没有跟上时代的步伐，对劳动教育不是很了解，甚至有所误解，如在学校和家庭教育中，劳动教育常常被窄化为一些家务劳动的学习，没有意识到劳动教育对于学生全面发展的重要作用，甚至认为劳动教育对学生是一种负担，阻碍学生学习文化知识。个别时候劳动还被认为是一种技能学习、娱乐休闲或者是对学生的惩罚手段，劳动教育的价值被严重低估。

在深入访谈中我们发现，作为劳动教育课程教师对于劳动教育的内涵认识也是不够充分的。在进行劳动教育时就会出现浮于简单的体力劳动的情况，会歪曲学生对于劳动的理解，在进行劳动教育课程设计的时候也会出现内容片面化的情况。在教师对"2020年3月20日中共中央、国务院发布了《关于全面加强新时代大中小学劳动教育的意见》，认为在当今的青少年中，劳动的独特育人价值在一定程度上被忽视，劳动教育正被淡化、弱化。认为根据各学段特点，在大中小学设立劳动教育必修课程，系统加强劳动教育。您对这一意见有何看法？"这一问题时，6位访谈教师中的3位表示对《关于全面加强新时代大中小学劳动教育的意见》没有进行学习，并不是十分了解。说明部分教师对劳动教育方面的政策了解不够、内涵把握不清。在没有真正了解劳动教育实施的目的以及劳动教育的价值情况下，如何能将劳动教育课程上好呢？结果自然无法发挥劳动教育真正育人的潜能。

第二，劳动教育重视度有待提高，在问卷调查中从"教师对劳动教育课程的重视度"来看，分别有51.35%和40.54%的教师认为劳动教育课程"非常重要""比较重要"，认为一般的有8.11%的教师比例。教师中43.24%认为学校非常重视，51.35%认为学校比较重视，2.70%的教师认为学校对于劳动教育课程的重视程度一般，有2.70%的教师认为学校非常

---

❶ 户晓坤."非物质劳动"与资本逻辑——意大利自治马克思主义对政治经济学批判传统的复归[J].教学与研究，2014（2）：84-89.

不重视。在家长对于劳动教育课程的重视度方面，21.62%的教师认为家长非常重视，35.14%的教师认为家长比较重视，40.54%的教师认为家长对于劳动教育课程的重视程度一般，2.70%的教师认为家长非常不重视劳动教育课程。针对这个调查结果也在访谈中与教师们进行了一下探讨。T2 教师提道："这个数据可能是作为劳动教育课程教师的一种乐观想法，其实在学校及家庭中大家虽然知道劳动教育作为学生全面发展中的一部分是非常重要的，但是由于应试教育的影响，可能更多学校和家长首先考虑的不是学生的'全人发展'，而是成绩和升学问题。所以，劳动教育及劳动教育课程相应的也不是很被重视。"教师 T4 也指出："考试升学制度不变，劳动教育再被倡导也还是会出现被忽视的现象，劳动教育课程也还是被作为边缘学科，除非将劳动教育也纳入应试当中。"在现实教学中，智育和升学考试过于受到重视。导致劳动教育被边缘化，劳动教育课程和劳动教育教师不受重视。小学生在学校、家庭、社会的影响下对于劳动教育的认识也会出现偏差，小学生不爱劳动、不会劳动、不懂劳动的情况也是屡见不鲜。这不仅会影响小学生的良好劳动习惯的养成，还会造成小学生劳动价值观的改变。即使学生智育方面发展得再好，但也是"瘸腿生"，不能满足现代社会对于德智体美劳"全人"发展的人才需求，更不利于学生的全面成长和健康发展。因此，提高社会、学校、家庭对于劳动教育的重视度是当前教育领域一个刻不容缓的问题，劳动作为实现全人发展的一种教育，是创造真实价值的手段，是加强学生生活自理能力的过程，劳动的过程是实践检验真知的过程，是有效增强学生身体素质的过程，也是不断提升学生道德素养的过程。

6.1.2 劳动教育课程体系不健全

第一，课程开设不规范。劳动教育是学校教育的重要构成之一，而课程是劳动教育得以开展的重要载体。在《关于全面加强新时代大中小学劳动教育的意见》指导下，在小学设立专门的劳动教育必修课程已成为符合当代劳动教育的大势所趋。当前，吉林省东南部地区小学劳动教育课程在课程开设方面一部分学校从无到有，从有到好，取得了一定的成绩，但还有一部分学校课程开设的情况不够理想，离课程标准的要求仍有差距。首先，在课程开设方面，有59%的学校并没有将劳动教育课程作为一门独立开设的必修课程，而仍以在综合实践课程中进行劳动教育作为主要方式。由此可见，劳动教育必修课的开设问题会直接影响劳动教育的实施质量。这也从侧面反映出吉林省东南部地区小学教育政策落实缓慢的问题。

第二，课程课时不足。劳动教育课程的有效实施是确保劳动教育顺利进行的前提条件，而足够的学时数是劳动教育课程顺利开展的前提条件。根据问卷调查数据结合访谈材料可以看出，吉林省东南部地区各小学所开设的劳动教育相关课程基本上都能保障每周进行一节次，但是由于劳动教育课属于非考试科目，经常会出现被占课的现象，尤其是在学期末。T1教师提道："劳动教育课在平时还是基本能保证一周一次的，但是到了期中考试或者期末考试前后基本上会被数学、英语、语文这几大主科轮番霸占。"T5教师也提道："因为自己是语文兼职劳动教育课程教师，有时会在考试前占用劳动教育课堂进行语文复习。"而如此有限的劳动教育课程的课时数，在部分学校还存在"打折扣"的现象，这为劳动教育的开展埋下了隐患，降低了劳动教育的实施效果，不利于学生劳动素养的形成和"全人"素质的发展。

第三，课程目标模糊化。劳动教育课程目标是构成劳动教育课程的第一要素，课程目标是课程实施各环节的指针导向。但是经过现状分析，虽然在问卷调查中教师对于课程目标确立依据和维度给予了回答，但是在访谈中当具体问到"您所在学校的劳动教育课程的教育目标"时，部分学校教育目标不明晰甚至没有所谓的教育目标。教育部倡导劳动教育课程在实施过程中要符合本地区、本校特色，但并不是无计划、无目标地进行。课程目标的不明确可能会使劳动教育变成有劳动无教育的情况，学生们虽然掌握了一些洒扫应对的劳动知识，但并没有培养学生好的劳动习惯，也没有进行劳动价值观与劳动情感的塑造，是一种形式化的

"劳动教育"。

新时代的劳动教育，在教育目标方面更应该强调全面提高学生的劳动素养，使学生树立正确的劳动观念，具有必备的劳动能力，培育学生积极的劳动精神，养成良好的劳动习惯和品质。培养学生成为尊重劳动、热爱劳动人民、以劳动为荣的社会公民。

第四，缺乏专业教材，未发挥地方校本特色。作为课程内容的载体，专业且具有地方特色的校本教材是劳动教育课程良好开设的前提和基础，经过专业编排的教材更系统，也更加符合学生不同阶段的身心发展特点。但是经过调查发现，35.14%的教师选择学校无劳动教育课程教材，21.44%的学生选择了没有课本，还有15.65%的学生选择了不清楚。T3教师表示："学校没有专门定劳动教育教材，我们都是自己设计一些手工课程内容进行教学的"。T2教师提道："学校正在组织编写校本教材，具体完成时间待定。"缺少教材的规划性指导，劳动教育课程的内容在板块分布方面难免出现失衡。

第五，劳动教育内容不够丰富，缺乏科学性。作为劳动教育课程实施的基础，劳动教育课程内容应十分广泛，且应当随着社会的发展和时代的变化而与时俱进。通过调查发现，关于学校劳动教育类课程的具体内容方面，校内劳动（67.57%）、技术实践（64.86%）、传统工艺（59.46%）、家政、烹饪都是54.05%，这些在当地小学的劳动教育课程具体内容中占比较大，而社会考察（16.22%）、其他职业体验（13.51%），场馆实践活动（10.81%）、学工（8.11%）、学军（2.70%）这几个具体内容的占比较小。可以看出目前吉林省东南部地区小学劳动教育课程内容主要集中在易于操作的校园劳动和家务劳动中，而对于职业体验及社会参与度较高的内容比较匮乏。

在深层访谈中发现几所农村小学劳动教育课程内容的科学性较弱，课程安排非常随意，一些课程内容是为了迎合例行检查而安排的，T5教师提道："学校的劳动教育并没有切实可行的计划，都是根据学校检查要求进行安排的。例如，这学期要按照学校要求组织轮胎种植园的劳动主题活动,所有的劳动课也会围绕这个主题进行。"在农村小学,学农课程更易推广,可是教师在教学过程中只是单纯地去进行农活技术的传授,经常会出现有劳动无教育的情况。从学生角度来看,这与自己在家干农活没有什么区别,并不懂得科学种田和科学采摘对农业和人类的重大影响,也无从谈及培养学生对劳动的喜爱感了。

6.1.3 劳动教育课程师资力量薄弱

师资力量薄弱问题是吉林省东南部地区小学劳动教育方面的最突出和亟待解决的问题之一。

教师作为学生学习的引导者,作为教学工作的执行者,是一个课程教育质量高低的关键性因素,而师资力量也是劳动教育课程能够顺利实施的重要保障。近年来,随着社会与学校对于劳动教育重视度的提高,吉林省东南部地区小学劳动教育课程师资力量在一定程度上有所缓解,在访谈过程中 T1 教师提道:"以前我们学校全年级只有 2 位劳动教育老师,从 2020 年开始已经增加到了 4 位"。2020 年随着教育部对于《中共中央 国务院关于全面加强新时代大中小学劳动教育的意见》的颁布和推广,劳动教育教师的数量确实有了明显提高,但结合问卷调查数据可以看到,专任劳动教育教师数量严重不足。此外,劳动教育教师专业素养、年龄层级、教师队伍建设等方面仍存在许多待改进之处。

第一,劳动教育课程教师专业素养需加强。关于吉林省东南部地区小学劳动教育课程的教师来源方面,通过问卷调查了解到大部分课程教师都是兼职教师,占比约为 75.68%,专任教师比例相对较低,占比约为 24.32%。专任教师也多是一些快要退休的老教师,学校出于关怀安排相对轻松的工作才成为劳动教育课程专任教师的。这些教师虽然教学经验丰富,但是对于劳动教育方面的新动向、新内容了解比较少,专业性欠缺。专任教师是专业教师的提前,如果连专任教师的数量都保证不了又如何保证课程的专业性呢?专兼职教师的失衡将直接导致劳动教育课程教师队伍的不稳定。对教师劳动教育课程任课时间进行调查发现,67.56% 的教师任课不满 1 年，这些老师基本上没有关于劳动教育课程方面的任课经验；16.22%的教师任课 1~3 年；任课在 3 年以上的教师只有 16.22%。从这一数据也可以看出，关于劳动教育课程的师资方面存在流动性大、任教时间短的弊端。同时，兼职的劳动教育教师一般都是学校中的其他学科教师，来源较为单一，没有针对社会敞开大门，没有外聘企业精英和劳动模范走进课堂。

第二，教师年龄层老化。根据问卷中关于教师年龄的调查，30 岁以下的教师人数为 21.62%，30~40 岁作为小学教师的主力军年龄层占比最小，为 16.22%，41~50 岁的教师比例最大，为 32.43%，51 岁以上的教师为 29.73%。结合访谈了解到，劳动教育课程任课教师普遍年龄偏大，有几位教师反馈，学校会把快要退休的教师安排在劳动教育课程岗位，因为这种安排一是可以照顾快退休的老师，让他们可以退居二线不用再承担那么大的教学任务压力，二是可以解决劳动教育课程教师不足的问题。但是，新时代的劳动教育课程并不是所谓的"二线"，它与其他课程一样重要，是培养学生全面发展中必不可少的一环，好的劳动教育是要与时俱进的，而不是被边缘化，应该有部分主力教师来担当这份工作。

第三，劳动教育课程教师专业培训不够。根据问卷中关于教师每学期参与劳动教育课程或活动的相关教师培训的次数调查，只有 10.81%的教师每学期参与 3 次及以上，13.51%的教师每学期参加 2 次，48.65%的教师每学期只参加过 1 次，还有 27.03%的教师表示一次培训也没有参加过。在对教师提问"认为学校劳动教育课程存在的最大问题"时，35.14%的教师指出缺乏专业指导，在访谈中，每位教师也都提到了学校的劳动教育课程师资力量过于薄弱，与缺乏专业指导有直接关系。进一步追问教师"您认为改进劳动教育类课程最应该采取什么措施？"29.73%的教师选择增加相关教师培训。可以看出劳动教育课程教师专业培训不足是一个很突出的问题，也是制约劳动教育的重要原因。

6.1.4 教学组织形式固化

教学组织形式指"为了实现一定的教学目标，围绕一定的教育内容或学习经验，在一定时空环境中，借助一定的媒体，师生相互作用的方式、结构与程序"❶。教学组织形式对于课程实施的效果具有十分重要的影响，但是目前劳动教育课程的教学组织形式存在一些问题，如教学场所单一、课程设计形式化、教学方式单调等。

第一，教学场所单一，以课堂为主要教学场所。通过调查发现，吉林省东南部地区小学劳动教育课程实施场所中有86.49%的教师和56.27%的学生选择了在教室。劳动教育是有其特殊性的，其中比较有代表性的一个特点就是实践性强。教室可以满足一部分偏静态或者小幅度动态方面的劳动教育类教学，如手工制作或者劳动教育理论课学习等。但对于一些生产生活类劳动、社会服务性劳动的实践，教室就显得不是那么合适了。缺乏校内校外劳动场域的联动，限制了劳动教育课程教学的有效性。T5教师提道："我们的课程大部分是在教室课堂中进行的，会在课堂中进行手工制作、劳动讲解还有劳动情感教育等。"但是，作为互动性、实践性较强的劳动教育课程，如果把主阵地放在课堂教室中，难免会出现与社会脱节、与实际脱节、与真正的劳动脱节的现象。

第二，课程设计形式化。目前吉林省东南部地区小学劳动教育课程设计还存在浮于形式的问题。对于"劳动教育类课程设计模式"的问题，51.35%的教师选择了根据学校及地域特点进行特色课程设计，符合劳动教育课程的自主性和地域性特点，有27.03%选择依照教科书进行课程设计，13.51%的教师选择了参照其他学校课程进行课程设计，8.11%的教师选择了由任课教师自行设计。但是，通过访谈发现，大部分劳动教育课程形式大于内容，只是将原来的内容改头换面。

第三，教学方式单调。教学方法是为完成教学任务而采用的方法，

---

❶ 黄甫全，王本陆. 现代教学论学程 [M]. 北京：教育科学出版社，2003：354.

是教师引导学生掌握知识技能、获得身心发展而共同进行学习活动的方法。劳动教育课程的高效开展，需要教师合理采用各种教学方式方法，但是调查数据显示，吉林省东南部地区小学的劳动教育教师在组织教学过程中存在一定的方式方法问题。通过问卷调查可以得知，在教师教学中其中讲授法的占比最高，达到91.89%，其次是演示法（83.78%）、练习法（70.27%）、实验法（54.05%）、谈话法（48.65%）、讨论法（45.95%）、实习作业法（32.43%）、研究法（29.73%）、启发法（29.73%）、读书指导法（13.51%）。通过数据可以看出在教学中讲授法、演示法、练习法、实验法为主要教学方法，但是，在劳动教育课程中比较重要的实习作业法利用率不是很高，实习作业法是学生在教师的组织和指导下，在校内外的一定场所综合运用所学的理论知识进行实际操作或其他实践活动，以掌握知识、形成技能技巧的方法。这种方法的特点是感性、综合性、独立性和独创性，在劳动教育课的生产技术实习等方面可以多加利用。实习法有利于贯彻理论联系实际原则，培养学生独立工作能力和工作技能。

6.1.5 课程实施资源缺乏

课程实施资源缺乏是吉林省东南部地区小学劳动教育方面的最突出和亟待解决的另一个问题。在教师认为学校劳动教育类课程存在最大的问题中，有51.34%的教师反馈课程资源不足，这也是我们在做问卷和访谈中发现的最大问题，课程资源的不足严重制约了课程教学的实施效果。

第一，校内劳动教育场所匮乏。由于劳动教育课程的实践性与应用性特点，在校内需要有专门的劳动教育场所和劳动教育教具，在校外需要有专门的劳动教育实践基地。在问卷调查中关于劳动教育场所的选择45.95%的教师和51.13%的学生选择了校内劳动实践场所，选择专门的劳动教育课程教室的教师只有18.92%，学生有47.37%。通过访谈得知，并不是教师不选择在校内劳动实践场所上课，而是有些小学，尤其是市内小学，受到场地有限的条件束缚，缺少校内实践场地。这种情况并不是小学一方努力就可以解决的，还需要政府相关部门的重视与关注，根据学校的实际，进行校内劳动教育实习场地的扩建与规划。

第二，校外劳动实践基地不足。对于学生希望劳动教育类课程主要在哪里进行这一问题，我们可以看出，对于校外劳动实践基地和校内劳动场所的呼吁是最高的，占比分别为 56.27% 和 51.13%。但是在劳动教育课程场所的选择中选择校外劳动基地的教师有 32.43%，学生只有 24.44%。校外劳动教育实践基地是劳动的重要场所，是开展劳动教育的良好场所。在对学校拥有劳动实践基地情况进行调查时，51.35% 的教师选择了学校拥有农业基地，这也符合吉林省东南部地区农业发展情况，但是有 40.54% 的教师选择学校是没有劳动实践基地的，这也进一步反映了该地区小学劳动教育课程资源不足的情况，还有小部分教师选择了学校拥有活动场馆基地、商业基地、志愿服务基地、工业基地和养殖基地。在关于"您所教的年级学生每学期去劳动实践基地的次数"的问题中，24.32% 的教师选择了 0 次，40.54% 的教师选择了 1 次，16.22% 的教师选择了 2 次，18.92% 的教师选择了 3 次及以上。为了进一步了解年级与每学期去劳动实践基地次数之间的关系，将"您所教的年级学生每学期去劳动实践基地的次数"与"您所教年级阶段"进行了交叉统计，调查发现，低年级段（1~2 年级）的教师 66.67% 选择了 0 次，中年级段（3~4 年级）的教师 40.00% 选择了去过 1 次，高年级段（5~6 年级）的教师 20% 选择了去过 1 次，总体呈现低年级段参加劳动实践基地活动次数最为缺乏，中高年级段学生相对缺乏的态势。访谈中 T1 教师表示："其实老师与学生也都想多开展校外实践活动，但是学生安全问题是我们最为注重的。另外，校外劳动实践基地也不是很好联系的，都觉得小学生太小还好动，安全隐患较大。"总的来看，吉林省东南部地区小学的劳动实践基地存在种类少、数量少的特点，是需要加强的重点部分。

第三，劳动教育课程教具学具更新慢。由于劳动教育的实践性特征，要求教师在授课过程中不能只采用传统的讲授模式，而是要利用丰富的教具学具锻炼学生的动手实践能力，通过做去教、通过做去学。所以教具学具的整修更新就变得很重要，因为教具、学具是保障学生学习体验感和实操感的重要媒介。但是个别学校存在劳动教育教具、学具老旧、残损甚至缺少等情况。T2教师指出:"本来有两节关于'小小厨师你真棒'的授课,主要是教学生们做类似于西红柿炒鸡蛋这样的简单家常菜,但是因为没有设施上课只能通过多媒体视频来教学生们,然后留课后作业让学生们回家去做,配合的家长还好一些,有的家长怕麻烦直接自己炒了。感觉对学生的培养和教育达不到预期效果"。教具学具资源是确保劳动教育正常开展的重要基础,是劳动教育事业发展的重要保证。劳动教育课程的常规耗材等需要及时更新和补充,学校应加大对于这部分的经费投入以确保学校劳动教育教学活动的正常开展。

6.1.6 课程评价不完善

课程评价是对课程计划、教学过程、课程目标达成度等要素进行评判的过程,是对于课程实施与课后反思和改进的重要依据,也是劳动教育中的重要一环。当前,对于吉林省东南部地区小学劳动教育做到了进行多方位课程评价,如教师评价、学生自评、学生互评、家长评价等,但与新时代劳动教育课程评价现代化体系的要求相比,还有亟待完善之处。在评价制度、评价主体、评价方式等方面还有待提高。

第一,缺少劳动教育课程评价制度标准。调查数据显示,在关于教师对学生课业评价的主要依据问题,81.08%的教师选择了依据劳动作品或成果,67.57%的教师认为应该依据参与活动态度,67.57%的教师认为要以课堂活动表现为依据,还有16.22%的教师选择了文字作业。学生课业评价具有很大的教师主观性因素,评价没有依照一定的课程评价标准。在深入访谈过程中T3教师提到,课程评价方面其实没有什么明确的制度或者标准,主要看学生的劳动成果或者积极性来打分,例如,在种植花草方面,哪一组长得更好,分也就更高,哪一组中谁更关心这些花花草草,谁的分就越高。关于劳动教育的评价,是要注重多维度的,劳动成果只能反映劳动技能掌握情况,但是并不能反映出劳动价值观、劳动情感、劳动习惯等维度的具体情况,所以基于此的评价结果多少也失之偏颇。关于劳动教育课程的评价体制存在着不规范的情况,劳动教育课程的评价标准存在着不确定的情况。这些对于劳动教育课程的科学运行也会带来阻碍。关于劳动教育的评价需要进行一定的制度和标准保障,以及规范的管理。

第二,学生课业情况评价主体单一。根据调查数据显示,对学生的课业评价主体问题上约有89.29%的教师选择了是由任课教师来评价,39.29%的教师选择了由学生评价,28.57%的教师选择了由家长进行评价,10.71%的教师选择了由社会人员进行评价。分析可知,吉林省东南部地区小学大多数学校的劳动教育课程学生课业评价方面还是以传统的任课教师评价为主的形式,学生自评、互评、家长评价、社会人员评价形式较少。劳动教育课程是需要家校社三方共同协作来进行的课程性质,在评价环节中教师、学生、家长以及社会的共同评价是保障评价客观准确的重要方式,而现行评价过程主要以教师评价为主未免就显得过于单一,较难科学、真实地反映学生的课程学习效果。

第三,教师评价机制不健全,在访谈过程中,几位教师都表示劳动教育课程并没有纳入教师考核范围内,作为劳动教育课程教师是比较迷茫的,对自己的教学活动也只能通过自我的评价和学生的反映来判断。据调查,教师对自己的劳动教育类课程教学工作非常有成就感,非常有工作积极性的只有27.03%。有一定的成就感,有工作积极性的教师占59.46%,没有工作成就感,但有工作积极性的教师占13.51%。T2教师提到,对自己的劳动教育课程实施效果更多的是根据学生的反馈进行自我评价。感觉自己还不是很满意,但是究竟上得怎么样,其实学校这边没有具体的评价标准。T6教师提到对教师的评价:会在期初或者期中组织集体听评课,但是主要力量集中在考试科目上,劳动教育课程的听评课具有一定的随意性。由此可见,目前针对劳动教育教师的评价还未引起足够的重视,没有系统的评价标准,缺少对教师教学的关注,教师教学情况未纳入教师的考核范围内,评价教师教学方面出现了走形式的现象。

6.2 吉林省东南部地区小学劳动教育课程改善建议

6.2.1 建立新劳动教育课程价值观，服务全人发展总目标

全人是具有整合人格、各方面得到全面发展的人。全人教育是以人的整体发展为核心实施"全人"培养的教育。新时代劳动教育实施的首位要素是正确的劳动价值观的建立，作为劳动教育实施主要途径的劳动教育课程更应该把握好劳动教育课程价值观的构建。要充分意识到劳动教育是全人教育中的重要一环。刘向宾教授2020年在首届中国大中小学劳动教育峰会上提出劳动教育的"三个事关"以深刻认识劳动教育的意义："劳动教育事关国家的治国理政，是坚持和发展中国特色社会主义的应有之义；劳动教育事关强国富民，是培养高素质劳动者大军的迫切需要；劳动教育事关立德树人，是培养全面发展的社会主义建设者和接班人的需要。"劳动教育的意义体现在国家、社会和个人三个层面上，意义与价值之间是相辅相成的，同样，劳动教育的价值也从这三个层面发散出来。我们的劳动教育的目的是要培养出热爱祖国、热爱社会、热爱自己、热爱劳动的多方面均衡发展的新时代青少年。中国学者刘保存指出，"'全人'的培养目标应该是，具有深厚的文化素养和积淀、高深的专业技能与知识、发达的智力与高尚的道德情操、健全和谐的性格与强健的体魄以及健康的审美，以实现身体与心理的平衡、知识与能力的平衡、学识与品格的平衡，真正实现真、善、美、群、健的统一"。❶

建立在全人教育思想基础上的劳动教育课程，一是要寻根于劳动教育的价值体系，二是要体现全人培育发展价值观，要深刻认识到课程的主要目的是通过劳动教育提升学生的"全人"发展，劳动教育课程培养不仅包括对学生劳动素养的养成、劳动技能的掌握、劳动习惯的养成，还有对学

---

❶ 刘保存. 走出"半人时代"——关于大学培养目标的几点思考[J]. 学术界，2006（1）：55-62.

生积极健康价值观的塑造、高尚道德情感的养成，是促进学生全面发展、健康成长的一门教育课程，是为实现自身的终身幸福打下基础的一门课程。在这个劳动教育课程价值观的基础上，要重新审视一下学校已有的劳动教育课程，是否需要加强劳动教育课程建设力度、加大劳动教育课程价值观宣传力度。通过全人教育劳动教育课程价值观的宣传与氛围营造，可以使学校、教师、家长、学生更深刻地体会到劳动教育对于学生成长的重要价值，感受到劳动教育的重要性。得到重视与认可是课程发展的前提，也是劳动教育良性开展的基础。小学阶段正是学生形成习惯与价值观养成的关键时期。通过对劳动教育课程的价值强调，可以提高学生对劳动教育的热情、对劳动的热情，以及对劳动人民的热情。在实施过程中，可以将劳动教育的实施与民族文化和地方区域性特色相融合。

6.2.2 立足时代背景与民族文化，将耕读文化融入劳动教育

在乡村振兴稳步推进过程中，乡村文化振兴成为非常重要的一部分。耕读文化作为乡村文化中的代表，与现代学校劳动教育的融合成为推动乡村文化振兴的有效途径。我国作为历史悠久的农业大国，农耕文明在岁月的长河中不断形成与积淀，在感悟自然规律变化的同时以"耕"为本，以"学"为乐，形成了具有中国特色的耕读文化。耕读文化蕴藏着中华民族传统文化的根，耕读文化的传承具有非常重要的意义。劳动教育作为现代教育中的重要一环，与耕读文化存在育人目标的内在一致性、育人方法的相互融通性以及育人理念的高度统一性。将耕读文化融入现代劳动教育既有利于耕读文化的传承，又有利于劳动教育的文化底蕴丰盈，究其途径可通过精神融入，打造育人氛围；资源融入，扩充实践场域；机制创建，保障育人质量。

(1) 耕读文化与劳动教育的发展与现状

耕读文化是随着我国古代农耕社会的不断发展而产生的，早在春秋战国时期，就有了关于"耕"与"读"的关系论述。以孔孟为代表，主张将耕和读两者分开，孔子的相应观点在《论语》中就有记载：樊迟请学稼，

子曰："吾不如老农。"请学为圃。曰："吾不如老圃。"樊迟出。子曰："小人哉，樊须也！"❶ 孔子认为，学习耕作是"小人"行径，提倡纯粹的"读"。孟子在孔子的思想基础上作了进一步阐释，在《孟子·滕文公上》中，孟子认为耕作之人属于"劳力者"，读书之人属于"劳心者"，并提出"劳心者治人，劳力者治于人"的观点。关于耕读文化的正式确立，是在经济与文化都有了极大发展的宋代。在这一时期，读书不再是士人贵族的专属，随着思想的进步与社会的发展，"对许多农家来说，读书识字只是生活的必需"而"士人把耕读当作人生快乐之事"❷。在科举制和宗法氏族思想的推动下，耕与读在这一时期完成了较好的融合，乡绅阶层十分活跃，"士""农"之间横跨千年的壁垒被打破，就此确立了对中国具有深远影响的耕读文化。

近现代以来，随着科举制的废除，宗法氏族制走向没落，乡绅基层也淡出历史舞台，以此为基础的耕读传家失去了生长的土壤，耕读文化传统走向式微。❸ 耕读文化势必要跟随着历史发展的洪流发生巨大改变。改革开放以来，随着市场经济的发展，出现了农民工大量涌入城市的现象，农业发展依附农村，农村发展依附农民，农民人员结构的变化深刻地影响着我国农业经济以及依附在土地上的耕读文化。"三农"问题是我们需要解决的重大问题，经济是文化的先导，文化是经济的根基，耕读文化的有效传承也同样受到了国家的关注。2018年，《中共中央 国务院关于实施乡村振兴战略的意见》明确指出："切实保护好优秀农耕文化遗产，推动优秀农耕文化遗产合理适度利用。深入挖掘农耕文化蕴含的优秀思想观念、人文精神、道德规范，充分发挥其在凝聚人心、教化群众、淳化民风中的重要作用。"❹ 在乡村振兴的不断推进之下，培植于农耕文明中的耕读文化更要发挥其现代使命。耕读文化在当今社会中已不再是简单的农耕与读书

---

❶ 陈广奎.《论语》通释、解读与点评[M]. 北京：知识产权出版社，2015：281.
❷ 程民生. 论"耕读文化"在宋代的确立[J]. 社会科学战线，2020（6）：91-102.
❸ 刘亚玲，雷稼颖. 耕读文化的前世今生与现代性转化[J]. 图书馆，2021（4）：89-93.
❹ 张颖. 耕读传家：论乡村振兴战略中农业遗产保护活化的文化逻辑[J]. 贵州社会科学，2019（5）：28-73.

的结合，而是一种薪火相传的情怀与宝贵财富，它深深地影响了我们一代代人的世界观、人生观和价值观。作为一种优秀的乡土文化遗产，如何对耕读文化进行继承与弘扬是现代研究者们需要关注的问题。继承与弘扬是为了更好地服务现在，耕读文化中蕴含着流传千年的农本思想与村落治理观念，结合现代文化与管理会更好地为农村振兴服务。

劳动教育作为中国特色社会主义教育制度的一个重要部分，与德育、智育、体育、美育共同协作，助力中国学生的全面健康成长。劳动教育可以帮助学生树立正确的劳动观点和劳动态度，培养学生热爱劳动和劳动人民的积极健康情感，并养成良好的劳动习惯。可以为学生的文化知识学习、技能学习、道德发展提供有力保障。教育与劳动相结合，一直以来作为中国的基本教育方针而备受重视。2019年6月23日，中共中央、国务院印发《关于深化教育教学改革全面提高义务教育质量的意见》，明确将劳动教育纳入育人体系，以培养德智体美劳全面发展的社会主义建设者和接班人，并强调劳动教育要适应时代发展的特点，及时更新形态，同时还要依据城乡劳动教育资源分布、不同年龄段学生特点，提高针对性和有效性。❶ 2020年始将新时代大小学劳动教育提到了更重要的位置：2020年3月20日，中共中央、国务院发布了《关于全面加强新时代大中小学劳动教育的意见》（以下简称《意见》），认为在现在的青少年中劳动教育的价值在一定程度上被忽视，劳动教育正被淡化、弱化。对此，全党全社会必须高度重视，采取有效措施切实加强劳动教育。认为根据各学段特点，在大中小学设立劳动教育必修课程，系统加强劳动教育。❷ 教育部在2020年7月7日印发了《大中小学劳动教育指导纲要（试行）》的通知，深入贯彻习近平总书记关于教育的重要论述，全面贯彻党的教育方针，落实《意见》面向教育系统特别是学校，明确劳动教育是什么、教什么、怎么

---

❶ 中国政府网. 中共中央 国务院关于深化教育教学改革全面提高义务教育质量的意见 [EB/OL]. (2019-07-08) [2021-2-23]. http://www.gov.cn/xinwen/2019-07/08/content_5407361.htm.

❷ 教育部. 中共中央 国务院关于全面加强新时代大中小学劳动教育的意见 [EB/OL]. (2020-03-20) [2021-3-1]. http://www.gov.cn/zhengce/2020-03/26/content_5495977.htm.

教等问题,加强劳动教育实施指导。❶

在新时代,劳动已不再以获得基本生活资料为满足,更是个人实现自我价值的一种方式,在劳动的过程中可以求得个体与群体的进步与发展。劳动教育是以"劳动"为载体而进行的一种教育形式,可以帮助人们体悟劳动的价值与意义,与耕读文化都具有"劳"与"学"相结合的特点。关于劳动教育的现有研究涉及的成果比较广泛,从劳动教育历史发展脉络、劳动教育的地位,到劳动教育与素质教育及其他四育的关系,以及劳动教育基本问题、对劳动教育改善对策性等方面都有很多十分成熟的研究。乡村振兴离不开文化振兴与教育振兴,将传统耕读文化融入现代劳动教育中在一定程度上展现了乡村本土文化的文化自信与现代传承,关于两者的逻辑关系究竟如何?怎样做到科学、合理的融合?对此进行思考和分析,对于乡村的文化与教育的发展都具有现实意义。

(2) 耕读文化与劳动教育的内在关系

首先,育人目标的内在一致性。文化与教育都具有育人作用,从耕读文化和劳动教育的育人目标来看,两者都是为了营造良好的社会与国家风气,继承和发扬中国优秀的文化传统,培养出简朴勤劳、热爱劳动并务实好学、爱国爱家的优秀人才。耕读文化与劳动教育在育人目标方面存在内在的一致性。

作为中华优秀传统文化之一的耕读文化,其中囊括了很多优秀的思想精神和务实的实操方法,具有很强的育人价值。在育人目标方面,可以分为三个维度。第一,"以耕为荣,以耕养读",育尚劳动、乐学习之人。耕读文化强调的是"耕"与"读"的结合,正如张履祥在《训子语》里说"读而废耕,饥寒交至;耕而废读,礼仪遂亡"。❷ "耕"可以满足人的物质需求,而"读"可以满足人的精神追求。耕读文化提倡劳动是一件光荣

---

❶ 教育部.教育部关于印发《大中小学劳动教育指导纲要(试行)》的通知[EB/OL].(2020-07-09)[2021-1-23].http://www.moe.gov.cn/srcsite/A26/jcj_kcjcgh/202007/t20200715_472808.html.

❷ 张宝希.治家名篇:朱子家训、训子语、小学诗、曾国藩家书[M].广州:暨南大学出版社,2003.

的事情，人应该以"耕"为荣，但不能只顾"耕"，要在劳动的同时去读书，用知识充实头脑，用所学的知识去改进"耕"，充实"耕"。培养既热爱劳动又喜爱学习的人，是耕读文化的第一个目标。第二，"耕读传家"，育爱家爱国之人。"耕读传家久，诗书继世长"是一则很有分量的古训，很多家族将此作为家训传承，如清代的教书先生杨秀元将住宅命名为"半半山庄"，就将半耕半读融入家风当中。这是因为耕读文化中包含了"耕读传家"的人本精神，强调以土地为依附的宗族情感，在提倡勤俭、爱劳动、爱读书的同时，还强调以耕读兴家，注重家庭和乡族的团结和睦以及优秀家风、乡风的养成。耕读文化体现了"修身齐家治国平天下"的境界追求，培养爱国爱家爱民的人才，是耕读文化的第二个目标。第三，"天人合一"，育多方发展之人。耕读文化是我国劳动人民在土地之上长期劳作的经验积累与智慧结晶，是人与自然相互融合而得出的文化。古人根据季节、时间、天气等的变化，创造出了流传至今的"二十四节气"，为我国农学、气象学做出了卓越的贡献。同时，耕读文化也孕育出了享誉古今的许多文学家和哲学家，正如张岱年先生所言："中国古代的哲学理论、价值观念、科学思维及艺术传统，大都受到农业文化的影响。"[1]耕读文化不仅对农学发展产生了影响，对自然科学、哲学、文学、教育学也同样产生了深远影响。强调人与自然的统一，培养多方全面发展的人，是耕读文化的第三个目标。

2020年，中共中央、国务院印发的《关于全面加强新时代大中小学劳动教育的意见》提出了劳动教育的总目标："通过劳动教育，使学生能够理解和形成马克思主义劳动观，牢固树立劳动最光荣、劳动最崇高、劳动最伟大、劳动最美丽的观念；体会劳动创造美好生活，体认劳动不分贵贱，热爱劳动，尊重普通劳动者，培养勤俭、奋斗、创新、奉献的劳动精神；具备满足生存发展需要的基本劳动能力，形成良好劳动习惯。"[2] 新时

---

[1] 张岱年. 中国文化概论 [M]. 北京：北京师范大学出版社，2017：182.
[2] 教育部. 中共中央 国务院关于全面加强新时代大中小学劳动教育的意见 [EB/OL]. （2020-03-20）[2021-3-1]. http://www.gov.cn/zhengce/2020-03/26/content_5495977.htm.

代劳动教育的目标包括三个维度：第一，帮助学生建立正确的劳动观念，理解劳动的重要意义。第二，培养学生优秀的劳动精神，使学生认识到劳动是高尚的。第三，使学生养成良好的劳动习惯，具备基本劳动知识与技能。耕读文化与劳动教育都强调劳动的积极意义，主张劳动是光荣的，要热爱劳动，并都强调"劳"与"学"的相结合，认为两者是密不可分的。在相同的育人目标指引下，为耕读文化融入劳动教育打下了基础。

其次，育人方法的相互融通性。从耕读文化与学校开展劳动教育所用的方法来看，两者都运用了实践检验真知的方法论，将劳动与读书学习相连接。耕读文化一面追求边耕作边读书学习，一面追求将所学知识运用到耕作中，在耕作中总结经验和方法，并将这些经验与方法以文字或口述的途径世代传习。陕西师范大学国学研究院院长曹胜高这样解读古代耕读文化："耕读教育实际是古代劳动教育和知识教育相结合的一种方式，古代中国长期采用传统农业生产的方式，读书人一边耕地一边读书，养成了耕读传家的文化传统，并以此作为传统美德进行提倡。"❶ "耕"与"读"相结合是耕读文化育人的主要方法，通过这种方法，在土地上常年耕作的劳动人民养成了热爱劳动并眷恋自己所挥洒汗水的土地的强烈情感，学习到了许多蕴藏在自然与书本中的知识，使"读"更深刻，使"耕"更智慧。古往今来，有许多有识之士运用耕读结合的方法得出了斐然的成果，古有贾思勰的《齐民要术》、陶渊明的《归园田居》等作品，今有袁隆平创建超级杂交稻技术体系等壮举。

同样，新时代的劳动教育主张通过丰富的实践活动开展教育，劳动教育具有劳动与教育的一体性特点。《现代汉语词典》对"劳动"的解释是"人类创造物质或精神财富的活动"❷，而"教育"是使"劳动"升华与具有育人价值的方法，"劳动"是使"教育"落在大地上生根发

---

❶ 杨飒. 开展耕读教育——从土地和自然中汲取成长的力量 [N]. 光明日报, 2021-03-16.
❷ 中国社会科学院语言研究所词典编辑室. 现代汉语词典 [M]. 5版. 北京：商务印书馆，2005：815.

芽的手段。两者要做到完美的融合，任何割裂"劳动"与"教育"的行为都是倒退的行为。劳动教育是一种实践的教育，需要学生真正投入实践劳动中进行操作与思考。劳动教育又是以劳动为载体的教育，需要通过"劳动中学习""学习中劳动"的方式育人，让学生亲身参与劳动，通过身体力行的体会去增进对劳动的理解，建立正确的劳动观，提高劳动知识与技能，发展劳动素养，培养劳动情感。劳动与农耕有着相互包含的关系，学农也是开展劳动教育的一个重要方式，教育部研制印发的《大中小学劳动教育指导纲要（试行）》提出，进一步细化劳动课内容建议、实施途径等。考虑到全国各地差异，鼓励学校结合实际，开展丰富的劳动实践活动，宜工则工，宜农则农，增强劳动育人效果。❶《意见》中提出劳动教育内容涉及三方面劳动，分别为日常生活劳动、生产劳动和服务性劳动，其中生产劳动包括农业生产劳动。农业生产劳动，既是耕读文化中的主要劳动形式，也是劳动教育中的重要劳动类别。耕读文化与劳动教育在育人方法上具有相互的融通性，这也为进一步的融合提供了途径。

最后，育人理念的高度统一性。耕读文化与劳动教育都体现了"知行合一"和"身体力行"的育人理念。"知行合一"由明朝思想家王阳明提出，"知"是指对事物的认知和态度，"行"是指人的行动，"知行合一"讲求的是认知与行动的统一。耕读文化中包含了"知行合一"的精神，通过耕读不仅提高了人们的乡土情怀和人文情怀，还增强了人们的乡村文化自豪感和社会责任感。在耕读文化的浸染中，走出乡村或未走出乡村的有识之士们践行耕读文化的育人理念与精神，利用所学知识，积极投身乡村振兴的事业当中，并将热爱的土地作为自己施展才华的舞台。劳动教育作为我国一项重要教育内容，近几年备受关注，这是由于现在许多青少年出现轻视劳动、不尊重劳动成果和劳动工作者的情况，劳动教育有助于改善

---

❶ 教育部. 教育部关于印发《大中小学劳动教育指导纲要（试行）》的通知［EB/OL］. (2020-07-09)［2021-1-23］. http://www.moe.gov.cn/srcsite/A26/jcj_kcjcgh/202007/t20200715_472808.html.

青少年中出现的这些问题，达成"知"和"行"的统一。"知"是劳动教育中对劳动观念、情感、知识及技能的能动性反映，可以分为两个层面，一是学生对劳动是否有正确的理解，二是学生对劳动教育的内涵、意义、影响等是否了解。"行"是学生对劳动教育"知"的外在表现，通过"行"，学生可以在践行中进一步加深对劳动的理解和体悟，培养正确的劳动情感与劳动价值观。

"身体力行"理念强调积极实践，亲身体验。耕读文化作为从劳动中滋养出来的文化，很好地体现了"身体力行"的育人观点。"耕"是人们从事的农业生产活动，是创造物质生活的重要手段，也是古人赖以生存的生活方式，从古至今，我国人民对土地都怀着无比的敬畏与热爱之情。而"读"是"养耕"的重要途径。耕读文化倡导积极地参与到生产活动实践当中，积极地参与到知识学习当中。劳动为受教育者提供了身体力行的机会，劳动不是简单的机械活动，需要劳动者亲身动手操作与不断思考。劳动教育摒弃"纸上谈兵"的教育理念与教育方式，要求建立与生产实践的直接联系。《意见》提出，要有计划组织学生参加三类劳动，让学生动手实践、出力流汗、接受锻炼、磨炼意志，培养学生正确劳动价值观和良好劳动品质。❶《大中小学劳动教育指导纲要（试行）》进一步强调，生产劳动教育要让学生在工农业生产过程中直接经历物质财富的创造过程，学会使用工具，掌握相关技术，感受劳动创造价值，体会平凡劳动中的伟大。❷《职业教育专业目录（2021年）》要求服务全面推进乡村振兴，设置现代农业技术与管理、现代种业技术等专业；对接加快培育农民合作社、家庭农场等新型农业经营主体，设置新型农业经营、家庭农场生产经营等专业。❸耕读文化与劳动教育都蕴含着"知行合一"与"身体力行"

---

❶ 教育部. 中共中央 国务院关于全面加强新时代大中小学劳动教育的意见 [EB/OL]. （2020-03-20）[2021-3-1]. http://www.gov.cn/zhengce/2020/03/26/content_5495977.htm.

❷ 教育部. 教育部关于印发《大中小学劳动教育指导纲要（试行）》的通知 [EB/OL]. （2020-07-09）[2021-1-23]. http://www.moe.gov.cn/srcsite/A26/jcj_kcjcgh/202007/t20200715_472808.html.

❸ 教育部. 教育部关于印发《职业教育专业目录（2021年）》的通知 [EB/OL]. （2021-03-17）[2021-4-1]. http://www.moe.gov.cn/srcsite/A07/moe_953/202103/t20210319_521135.html.

的育人理念，两者都是需要在不断的理论学习与践行中提高被育人的思想观念，达成情感认同，并落实到行动力上，共同的育人理念为两者的融合提供了方向。

(3) 耕读文化融入劳动教育的途径

一致的育人目标、融通的育人方法和统一的育人理念证实了耕读文化与劳动教育有着密不可分的关系，也为将传统耕读文化融入现代学校劳动教育实践提供了科学性与合理性。乡村振兴背景下，将耕读文化融入劳动教育，既是耕读文化传承的途径创新，也是劳动教育实施的路径探索。

①精神融入，打造育人氛围。作为一个传统的农业大国，"以农为本"思想已经根植在我国的成长印记当中，农业发展既是我国经济发展的安全保障，更是国泰民安的稳定基石。但是，随着工业化进程的加快，农业生产已成为很多年轻人退而求其次的选项，这虽然是时代发展的必然趋势，但也体现了现代农业的窘境。重视农业发展是强化乡村发展的根本，我们需要从青少年思想理念上的转变入手，使现代青少年意识到农业对于国家和人民的重要性、意识到劳动的伟大和劳动人民的伟大。耕读文化作为我国优秀的乡村传统文化，饱含着数千年来我国劳动人民的智慧与实践经验，一方面，这种最早期的生产劳动与教育相结合的活动体现了古人吃苦耐劳、踏实肯干的精神，将这种精神融入现代课堂教学与教育实践活动中，有利于学生形成良好的道德品质。教师应充分利用各学科中的耕读文化资源对学生进行劳动教育，如三国时期有诸葛亮的："臣本布衣，躬耕于南阳，苟全性命于乱世，不求闻达于诸侯。"；东晋时期有陶渊明的："既耕亦已种，时还读我书。"这些文人雅士们不慕名利、以耕为乐、以读为趣的耕读文化精神都是教师进行劳动教育的良好素材，能够帮助当代学生树立正确的劳动价值观，改变学生不爱劳动、轻视体力劳动者等错误的劳动价值观。

另一方面，在耕读结合、好学乐农的生产生活方式下产生的"耕读传家"、宗族共同体等观念的传承，也是乡村文化振兴与乡村精神文明建设的有力推手。将耕读文化中的"重农"思想和"传家"思想融入现代劳动教育中，对于唤醒学生的民族文化自豪感，使学生明白我国农本思想的来历、了解农业生产与知识学习之间的关系有着重要作用。还可以帮助学生营造积极学习传统优秀文化、热爱劳动、热爱乡村发展事业的良好氛围，培养学生热爱劳动及热爱乡土的情感追求，在优秀传统文化传承的过程中也落实了劳动教育目的。

②资源融入，扩充实践场域。受各地区地域特色不同的影响，当地的乡村文化特色也有所不同。耕读文化具有重要的传承价值，耕读文化资源丰富、形式多样，是当地重要的文化资源和深厚的精神财富。[1] 许多乡村设置了专门的耕读文化传承馆、农耕文化体验馆用以宣传与继承传统文化，在耕读文化中不仅有非常多的诸如土地、器物、书籍等的硬实力资源，还蕴含了丰富的农业知识、劳动知识以及民俗风俗知识等软实力资源。学校可以合理地将这些当地特色耕读文化资源与学校劳动教育课程资源相融合，将耕读文化中的文化资源加入学校劳动教育的校本教材当中，以充盈学校劳动教育教材资源；利用乡村的耕读文化地域资源扩充劳动教育实践基地，一方面增加学生实践机会，另一方面丰富劳动教育课程资源。

例如，北京市密云区太师屯镇中心小学下辖的东庄禾小学开设了"农耕文化"科技实践课程，以当地农耕文化为抓手，以农作物种植为载体，了解农作物的生长与土质、水分、肥料及其与二十四节气的联系，把"春播、夏长、秋收、冬藏"等劳技教育融入其中并贯穿全年。[2] 同时，劳动教育课堂也成了耕读文化最好的宣讲台，通过学校的课程平台资源，将乡村本土文化融入教育当中，使学生体验到中华民族传统文化的多元化和独特性，培养学生的文化认同感以及对乡土文化的热爱。

③机制创建，保障育人质量。为了农耕文化融入现代学校劳动教育的顺利开展，需要建立相应的保障机制，以达到让学生感知与认同中国乡村

---

[1] 梁媛. 文化传承视野下的新耕读教育模式论 [J]. 重庆社会科学，2017（8）：109-115.
[2] 施剑松. 北京密云：村娃成了"小院士" [N]. 中国教育报，2019-08-20.

本土文化、了解与关心农业劳动、尊重与热爱劳动人民的育人目的。作为各级各类学校，需要从课程、课时、内容、教师以及评价等几方面入手，进一步规划农耕文化融入学校劳动教育的时间与空间问题。学校可与当地乡村振兴发展负责部门建立协作关系，整合当地与学校农耕文化软硬资源，根据资源情况设置这一部分劳动教育课程内容，合理规划学时和师资力量，并开展融合评价把控育人质量。通过优化学校劳动教育结构，改进劳动教育制度、方法、内容等方面高质量、高效率地解决农耕文化融入学校劳动教育中"谁去做、做什么、怎么做"的问题。

要实现乡村振兴，不仅要振兴乡村经济，还应振兴乡村文化和乡村教育。耕读文化是具有我国特色的传统乡村文化，其中蕴含了丰富的民间智慧、优秀的价值观念体系和健康的劳动学习模式。将耕读文化融入现代劳动教育中，既是耕读文化的传承路径要求，也是劳动教育的文化根基探寻，既是民族传统文化与教育的结合，也是在淬炼民族精神精髓的同时成功推动了现代教育的发展脚步。在耕读文化融入现代学校劳动教育达成共育的场域下，不仅培养了学生爱劳动与爱劳动人民的情感，提升了学生的民族认同感与乡土情怀，更为乡村振兴事业预备了高质量人才。

6.2.3 发挥高层站位，打造吉林省东南部地区劳动教育实践基地

课程资源短缺是吉林省东南部地区小学劳动教育课程发展的一个致命短板，这直接影响着课程质量。但是，资源的短缺并不是校方一方努力就可以解决的问题，还需要当地政府、企业、高校一起协同谋划，发挥高层站位作用，打造服务于大众小学的劳动教育课程实施的实践基地。

(1) 设想方案

劳动教育实践基地的构建将从劳动教育实践师资力量的打造、劳动教育实践课程的创建、劳动基地资源的统筹与运用三大方面着手，通过建立"一室一库一中心"来得以实现（图6-1）。

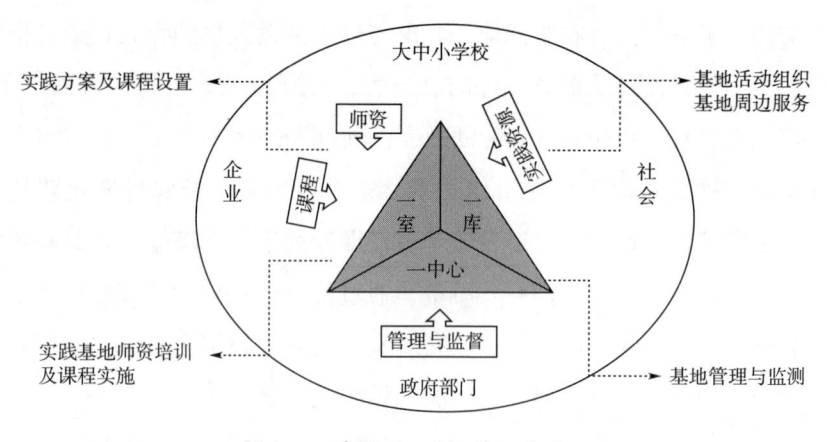

图 6-1 建立"一室一库一中心"

通过"一室",即"劳动教育实践教研室"来实现。"劳动教育实践教研室"人员构成主要包括通化师范学院各院系教师及学生、企业实践导师、乡村合作导师。通过"一室"打造劳动教育实践师资力量,因地制宜地设计劳动教育实践课程及活动方案。

通过"一库",即"劳动教育实践基地资源库"来实现。统筹各区域大中小学劳动教育发展需求资源与可供给资源,厘清供需,整合资源。在展示乡村场域资源、农业生产劳动教育资源以及高校与企业的科技资源与技术化生产等双方优势的同时,达成优势互补,双向调节合作,支撑"劳动教育实践基地"的课程创设与劳动教育实践的开展。

通过"一中心",即"大中小学劳动教育实践评价中心"来实现,是劳动教育实践基地的长效管理与监督机制,对劳动教育实践基地的运行成果进行评估与指导。通过调查了解学生以及实践教学师资团队的反馈,判断基地项目的实施与运作情况,并及时进行调整及相关分析,以获得更好的实践效果与收获。

当然,这一方案还处于设想阶段,在实施方面可能会出现一些困难,主要原因一是需要时间,二是可能会面临很多的现实困境与壁垒,还需要进一步的验证。但我们还可以从小学实际出发,提出更为现实可行的方案。

(2) 可行方案

第一，开辟校内劳动教育场所。校内劳动教育场所相对于校外具有更方便、更安全的特点，利用率也会更高。场所建设水平也将直接决定劳动教育课程内容及教学方式方法。因此，关于校内劳动教育场所的开辟也就显得格外重要，但在开辟过程中会出现场地有限、教室资源有限的情况，这是在所难免的。我们要积极思考如何在有限的场地空间、场地资源中最大限度地开发、合理利用。

学校可以利用一间空教室打造成手工教室，手工教室是小学生们进行手工类劳动的主要场所，在这里可以进行剪纸、折纸、工艺品制作、玩具制作（缝制沙包等）、编织类作品制作等的教学与学习，这些课程可以让学生安静下来感受小手劳动带来的喜悦和快乐，培养既"手巧"又"心灵"的小学生。另外，教师可以带领小学生们用优秀作品一起装饰手工教室，这不仅可以激励学生学习手工劳动的兴趣，还可以打造良好的育人氛围，培养学生的审美，提高学生的创作能力。另外，学校还可以合理利用学校的操场资源，将学校的绿化区改为各个班级的小小责任田，充分利用好这片小天地，对学生进行农业生产劳动方面的教学。例如，开展一些农作物及花草种植活动，让学生们亲手体会泥土的"魔力"，体会何为"春种一粒粟，秋收万颗子"，感受古人创立二十四节气的智慧，感受秋收带来的喜悦和劳动带来的成就。通过植物旺盛的生命力，可以对学生进行生命教育，让学生感受生命的神奇与力量。真正将劳动教育与德育、智育、美育、体育链接，通过劳动教育培养学生的动手能力、实践能力，塑造学生积极向上的品格，养成强健的体格。

校内实践场所的开发是一举多得的举措，手工教室、责任田等不仅可以作为实施劳动教育课程的场所，还可以作为学校社团及兴趣小组合作的场所，也可以作为"双减"政策下小学课后服务活动的场所。校内实践场所的开发将给学校的劳动教育带来新的气象，是提高小学生劳动素养及全面发展的依托。

第二，发展校外劳动教育实践基地。校内劳动教育实践场所只能满足一部分教学内容的需要，劳动教育课程的有效开展还需要校外劳动教育实践基地的扩展与支持，是重要的劳动教育实践资源。这些校外劳动教育实践基地既包括如我们设想方案中的专门性基地，又包括工厂、农场、社区、企业等。校外劳动教育实践基地的开发既需要学校的积极联系，也需要政府部门给予协调和帮助。通过学校和政府的联合努力，可以将这些工厂、农场、社区、企业作为学校的定点劳动教育实践基地，校社双方达成协作育人共同体，为小学生创造参与生产劳动与社会服务型劳动的机会，让学生了解劳动的种类和新时代现代化工农厂的运行情况，感受现代科学种田以及用数学知识计算作物产量的乐趣。通过实践去锻炼学生的劳动能力与素养，进行理解教育，让学生理解劳动人民的伟大以及父母工作的不容易，从而培养学生珍惜劳动成果、热爱劳动、尊敬劳动人民的情感。

第三，建立城乡小学劳动教育合作共同体。城乡小学劳动教育合作共同体是一个以促进城乡小学劳动教育为共同愿景目标，以引导城乡小学生崇尚劳动、热爱劳动为共同价值目标，以城乡小学资源优势互补共享为共同利益目标的教育合作共同体，是城乡小学教育阶段劳动教育合作互补联动机制。关于建构城乡小学劳动教育合作共同体的构想并不是向壁虚构，而是建立在国内外相关理论研究成果的基础之上的。包括马克思的教育与生产劳动相结合理论、马卡连柯劳动教育理论、苏霍姆林斯基的学校劳动教育理论、中国特色的劳动教育思想、习近平总书记新时代关于劳动教育的重要论述、中国乡土文化下的劳动教育思想以及城乡一体化教育、共同体理论等理论。并对城乡中小学进行现实考察，充分做到理论联系实际，查找合作共同体构建的条件及困境，为城乡小学劳动教育合作共同体构建提供现实依据。

共同体的构建将从共同劳动教育观念的达成、劳动教育师资力量的打造、劳动教育课程的创建、劳动资源的统筹与共享四大方面着手，可以通过建立"一所一室一平台一中心"来实现。"一所"指的是"新劳动教育教研所"，主要依托现代互联网技术成立一个集小学劳动教育教师于一体的网络大教研平台，由劳动教育管理和研究部门牵头，对劳动教育课程教师进行观念培育及能力提升，使城乡小学教师都可以享受同等的培训资源，建立共同的劳动教育理想观念。"一室"指的是"城乡小学劳动教育合作工作室"，以区域为单位成立"城乡小学劳动教育合作工作室"，根据本区域城乡特色创建符合双方合作的劳动教育课程体系，覆盖日常生活劳动教育、生产劳动教育和服务性劳动教育三方面，充分发挥乡村与城市各自优势，达到互补互惠互利的课程建设目标。"一平台"指的是"城乡小学对话平台"，统筹各区域城乡小学劳动教育发展需求资源与可供给资源，厘清供需，整合资源。在展示乡村场域资源、农业生产劳动教育资源以及城市的科技资源与技术化生产等双方优势的同时达成优势互补，双向调节合作，可支撑"城乡小学劳动教育合作工作室"的课程创设与劳动教育实践的开展。"一中心"指的是"城乡小学劳动教育评价中心"，是城乡小学劳动教育合作共同体中的长效管理与监督机制，对"一所""一室""一平台"的运行成果即教育观念达成情况、师资培训情况、课程构建情况、资源共享情况进行评估与指导，以保障共同体的顺利运行。同时，"一所一室一平台一中心"的共同体模式构建还需要学校、学生家庭、社会及政府的资源和人力技术的大力支持才能实现，以达到城乡小学劳动教育资源与技术相互共享、劳动教育文化相互融合、劳动价值达成共识、劳动情感充分共鸣的目的。

6.2.4 从"全人教育"理念出发，探寻劳动教育课程落脚点

在全人教育理论基础上构建的劳动教育课程，追求的是一种促进学生身体、心理全面均衡发展的课程教育，使学生能够达到身心的统一，知行的统一。"这样的劳动教育，其核心是将劳动作为体验、学习、创造和分享的过程，强调整全的身体在真实具体的现实情境中的劳动过程，最终实现作为整全的人的发展。"[1] 劳动教育课程的落脚点在于课程实践中，升华点更在于课程实践中。

---

[1] 宋岭，张华. 时代挑战与未来路向：劳动教育的当代诠释与实践 [J]. 中国教育科学，2020（2）：41-49.

第一，所谓全人教育视域下的劳动教育课程的实践性并不是脱离了学的做，而是如著名教育先贤王阳明所倡导的那样，进行"知行合一"和谐式劳动教育。新时代小学劳动教育课程是理论教育和实践教育的统一体，既包括了劳动观念教育，又包括了劳动实践教育，劳动观念要指导劳动实践，劳动实践更要蕴含劳动观念。而"知行合一"是将劳动技能知识与实际劳动实践相结合的一种教育模式，是将劳动情感与尊敬劳动人民、珍爱劳动成果相结合的一种教育理念。例如，有条件的小学可以组织学生到果园进行果实采摘活动，首先要让学生观察采摘员的工作，然后与采摘员进行交谈，在交谈过程中感悟果实采摘员在工作过程中积累的丰富经验与智慧，最后组织学生有计划、有分工地进行果实采摘，在实践中认识劳动人民，感恩劳动人民的辛勤付出，完成由"知"到"行"的过程。随着现代社会劳动结构的变化，脑力劳动、服务型劳动已成为主导性劳动。

我们的小学劳动教育虽然更多强调让学生出出汗，多参加体力劳动，但是要教会学生，脑力与体力并不是割裂开的，而是相辅相成的。劳动教育"在制造与创造的过程中，通过身体的协调、视觉与触觉和脑力的协调，达到身心合一的状态，使人获得知识，养成探究、创新与解决问题的能力"[1]。在教学实践活动中，应以项目式学习建构劳动教育课程，创设不同的主题单元，让学生感受实践动手的乐趣。如卫生劳动对应"我爱干净整洁的家"主题，这一主题又可以细分为"小小收纳师""家务小能手""小小花艺师"等项目。基于不同的项目，从低年级到高年级循序渐进地安排不同的劳动项目，如"小小收纳师"项目要求低年级学生完成叠衣服、叠被子等常规家务清洁劳动，高年级学生开展空间收纳设计、收纳袋制作等文创活动；"家务小能手"项目要求低年级学生完成简单的扫地拖地等日常劳动，高年级学生学会实操各种家务清洁工具，进行适当难度的烹饪料理学习；"小小花艺师"项目要求低年级学生对家里的花草进行定期浇水，高年级的同学可以进行插花及标本制作等活动。通过系列有序的

---

[1] 宋岭，张华. 时代挑战与未来路向：劳动教育的当代诠释与实践[J]. 中国教育科学，2020（2）：41-49.

劳动项目建构起学段之间的脉络联系，使学生上一次获得的直接经验成为下一次实践体验的间接经验，让学生身体处于劳动之中，从身体的劳动中体会教育的伟大、体会生命的伟大，从小为成为一名合格的地球公民而付出行动。

第二，培养"全人"意味着"教育应当促进每个人的全面发展，即身心、智力、敏感性、审美意识、个人责任感、精神价值等方面的发展。应该使每个人尤其借助于青年时代所受的教育，能够形成一种独立自主的、富有批判精神的思想意识，以及培养自己的判断能力，以使他自己确定在人生的各种不同情况下他认为应该做的事情"。[1] 为了达到这一目标，需要完善"全人"理念劳动教育课程体系。

首先，完善课程目标，劳动教育课程目标是关于劳动教育价值观的纸质化呈现，课程目标如何制订才能符合劳动教育课程价值观体系也是许多小学思考的问题。在对吉林省东南部地区小学劳动教育课程做调查的过程中发现，许多学校的课程目标模糊化，定位被窄化，只简单地把劳动教育课程作为一个阶段的学习性任务。因此，当前小学亟须建立全人教育价值取向的劳动教育课程目标体系，全人教育思想指导之下的课程指向两大目标，"一是促进个人成长，它又可以进一步分解为促进人的心理发展和精神发展""二是社会变革。全人教育始终难忘它的社会改造情怀，它试图通过开发课程，鼓励学生投入社会活动中，去服务社区和社会。全人教育课程的内容面向生活，因此改造生活，进而改造社区和社会也是必不可少的目标"。同时，根植于社会主义核心价值观下，我们的劳动教育课程目标更要体现社会主义核心价值观，"从思想认识、情感态度、能力习惯三个方面面向全体学生提出了劳动教育目标，突出强调劳动教育的思想性。强调理解和形成马克思主义劳动观，牢固树立劳动最光荣、劳动最崇高、劳动最伟大、劳动最美丽的观念；体会劳动创造美好生活，体认劳动不分贵贱，热爱劳动，尊重普通劳动者，培养勤俭、奋斗、创新、奉献的劳动

---

[1] 联合国教科文组织国际教育发展委员会. 教育——财富蕴藏其中 [M]. 北京：教育科学出版社，1996：85.

精神；具备满足生存发展需要的基本劳动能力，形成良好的劳动习惯。"（《意见》2020）

  小学劳动教育课程目标应从培育劳动教育价值观，掌握基本的劳动技能和方法，服务于学生身心完全发展，致力于学生养成良好的劳动精神与劳动习惯，为学生将来走向社会服务社会上来思考。劳动教育课程的价值在于帮助学生学会生活、适应社会、热爱生活和劳动、奉献社会，更好地实现自身的发展，基于此，本研究拟提出吉林省东南部地区小学劳动教育课程目标：①知识与技能：使学生了解现代社会的生产和生活所需的、基础的、综合性的技术知识以及与之相应的基本技能。学会小学阶段学生应具备的劳动技能并熟练使用，养成良好的劳动习惯。②过程与方法：组织学生参加一定的体力劳动、手工劳动、自我服务劳动和社会公益劳动和相关活动，通过实践活动培养学生的生活自理能力、动手动脑能力、一定的创造能力、审美能力和适应社会的能力。③情感态度与价值观：理解和形成马克思主义劳动观，牢固树立劳动最光荣、劳动最崇高、劳动最伟大、劳动最美丽的观念；体会劳动创造美好生活，体认劳动不分贵贱，热爱劳动，尊重普通劳动者，培养勤俭、奋斗、创新、奉献的劳动精神，促进身心发展，致力于为社会发展做贡献。此课程目标还有待商榷和完善，各小学各年级段可以结合本学校实际情况和本年级段学生身心特点进行进一步修改。

  第三，大力开发劳动教育课程校本教材。教材是课程内容的依据，教材的专业性与实用性是劳动教育课程教材选取中需要考量的因素。《意见》倡导劳动教育课程资源体现"一纲多本"。可以结合吉林省东南部地区、特色文化资源丰富的实际，将地域特色文化资源科学合理开发，并充实到劳动教育课程教材资源。如我们之前提到的农耕文化类劳动教育课程内容。

  课程教材开发的注意点有以下几点：①考虑学段划分，针对小学不同学段制定合理内容。对于低年级学生，要设置一些关于简单手工、生活自理性家政劳动（如叠衣服、洗袜子、整理书桌、扫地等）、采摘类等劳动形式课程内容；对于高年级学生，要设置一些如种植类、厨房烹饪类、社会服务类等的课程内容。②教材内容的把控上要注意内容的丰富性和覆盖率，不要将内容集中在家庭劳动或者学校劳动一边，也不要只体现体力劳动而忽视脑力劳动，更不要集中在日常生活劳动而忽视生产劳动、服务性劳动。既要体现劳动实践教育的显性教育，又要体现劳动精神教育的隐性教育。既包含劳动技能知识的传授，还包含劳动精神的培养。在教材中，除了设计劳动技能类的学习模块，还要设计关于工匠精神、劳模榜样模块的内容。

吉林省东南部地区已经有小学开始了校本劳动课的设计。校本课程是最能体现学校特色的课程，各学校要立足本校实际，设置符合本校特点的劳动教育相关课程内容作为教材编写依据，在设计过程中应秉承具有时代性、地域性以及实践性的原则，确保课程内容"上有层次、下接地气"。校本教材要体现出本校的特色，成为学校的招牌。使教材创设符合劳动教育培养目标，切实培养学生新时代的劳动精神，以踏实肯干为荣，以投机取巧为耻；以劳有所得为荣，以不劳而获为耻；以爱岗敬业为荣，以享乐为耻。

在这方面，吉林省东南部地区的小学可以向全国各地这方面做得比较好的小学进行学习，如黑龙江省牡丹江市立新实验小学以学生劳动行动力培养为核心，目前已形成以自治、逸美、焕新为支点的三类15门校本课程体系，内容涵盖自我服务、技能训练、国学礼仪、民俗文化、科技普及、班级创意等。河南省郑州市艾瑞德国际小学的"四园联动"有效地把校园、田园、家园、社园结合起来；郑州市纬五路第二小学教育集团遵循"以劳增智，以劳育美，以劳强体，以劳树德，以劳促创新"的课程理念，围绕家庭生活课程、校内责任课程、庄园探究课程、社会体验课程、创客劳作课程五大课程群。重庆市两江新区行远小学以学校文化为引领，明确"3层递进"的劳动课程目标；遵循儿童成长规律，构建"4类10门"劳动课程体系；运用新技术拓展空间，探寻"4融合4混搭"的劳动课程实施路径策略，形成了新建小学校常态化推进劳动教育的有效机制模式。

第四，保证劳动教育课时。课时的多少一定程度上反映了学校对课程的重视程度。劳动教育作为全人教育中的重要部分，其所依托的劳动教育课程应该保证足够的学时。学校要积极宣传劳动教育对于学生发展的重要作用，倡导教师自觉合理地规划好自己的教学及课程安排，不要占用劳动教育课程时间。作为劳动教育教师也要坚定和明确劳动教育的价值，合理利用课程教学的每一分钟，组织好教学活动与实践活动。

6.2.5 构建高质量劳动教育教师团队，做幸福劳动教育

在资源的开发方面，其实我们已一定程度地强调了教师的重要性，究竟该如何构建一支高质量的劳动教育教师团队是值得深入探讨的问题。美国教育家米勒（Miller）认为："尽管我们有可能给全人教师应具备的素质开列一张长长的表单，但这并没有很大的意义。对于全人教育而言，全人教师最重要的素质只有两个，就是真实和关怀。"[1] 如何激发劳动教育课程教师的这两大情绪，最重要的是职业幸福感的体悟和劳动教育深层含义的理解。只有信服于自己所教的课程是真正可以为人类的发展做出卓越的贡献，可以为学生的全面发展所服务，才可以做到真诚地喜爱自己所教的学科，快乐地传授专业知识，才可以在所教课程中体会到幸福感、成就感、满足感。我们要立足于提高劳动教育课程教师的职业幸福感和对劳动教育深层含义的理解，打造一支真正爱劳动教育的专业教师团队。

第一，专任教师的培养。学校劳动教育的顺利开展需要专业的劳动教育教师，根据吉林省东南部地区小学劳动教育课程师资队伍现状，还有很多努力的空间。就本地区小学的劳动教育教师队伍而言，首先要解决的是专任教师问题，专业首先源于专任，而目前该地区小学的专任劳动教育教师数量明显不足。学校要从劳动教育的长远发展角度出发，挑选责任心

---

[1] J. P. Miller. The Hoolistic Curriculum [M]. Toronto：OISE Press, 2001：139-174.

强、有一定工作能力并有志从事劳动教育的教师转为劳动教育专任教师，并进一步明确教师的工作职责。有了专任教师，劳动教育的课程实施就有了保障。但这只是完成了第一步，如何使劳动教育与时俱进，如何在创新开展劳动教育的过程中培养小学生形成正确的劳动价值观，如何真诚地对待学生和关怀学生，树立劳动观念，还需要提高教师的专业水平和认识水平，帮助教师从"专任"教师成长到"专业"教师，甚至是"专家"教师。当然，这一成长过程是需要时间的，要想做好学校劳动教育工作，学校要舍得投入，要舍得选出优秀教师去从事这一工作，要舍得对这些教师加大培养力度，把教师"送出去"再"迎回来"。所谓把教师"送出去"，是要把这些专任教师送到更专业的劳动教育学习点去参加学习，去领悟新时代劳动教育的内涵，去学习劳动教育课程新的教学方式方法，去借鉴与思考新的课程内容设计。那么把教师"迎回来"就只是简简单单地欢迎教师学成归来吗？并不是，作为学校一是要为教师开讲座，让教师把学到的知识开散在校园之中；二是要为教师提供必要的支持，为教师带回来的新理念、新方法转化为实际教学提供支持，不要出现"巧妇难为无米之炊"的窘境。

在访谈中我们也了解到，许多年轻优秀的教师并不愿意从事专任劳动教育课程教师，这是因为在大家的普遍认识中，劳动教育课属于是边缘学科，是没有前途的。那么，为了扭转这种局势，学校也要给出一定态度。在劳动教育教师的待遇、奖励、评优评职等方面，给予与其他学科教师同等的待遇；打通劳动教育教师的上升空间，以长效的鼓励、激励、奖励方案与政策确保劳动教育教师队伍的长期、稳定发展。

第二，行业企业兼职教师的聘任。除了专业的专任教师团队，学校也要把大门打开，聘请一些职业精英、时代劳模、大国工匠、非遗传人为劳动教育课程的兼职导师，把新时代劳动精神、劳动前沿动向带进小学，用他们的事迹感染学生，用他们的智慧与勤劳震撼学生，用他们的专业能力启发学生。

总之，学校应从学生的全面发展角度出发，从劳动教育的长足发展出发，着力打造一支专任与兼职结合、素养与能力兼优的优秀劳动教育教师团队，为劳动教育的科学高效实施做出全面保障。

6.2.6 建立完善的课程与教师评价体系，使劳动教育有据可依

为了保证小学劳动教育的实施质量，要严格把握劳动教育课程与教师评价体系的科学构建，做到以评促学、以评促教。"社会与上级教育行政部门如何评价学校，学校如何评价教师，教师如何评价学生，都从一定程度上制约着课程措施落实的程度。"❶

第一，教育行政部门要对各小学劳动教育的实施情况进行评价。教育部门的评价标准不仅要看课表、看课堂、看作品，还应该制定科学化标准化的评价细则。将课程设计、教材开发、师资队伍建设、资源配置都列入评价范围之内。对于不能按照国家课程开设标准、不能有效培养小学生劳动素养的学校进行问责，对于应付检查临时凑课、凑实践活动的学校给予处罚。要听听学校有什么难处、教师有什么需要、学生有什么收获、家长有什么困惑。将劳动教育推行得好的小学作为"样板"学校，帮助宣传推广，打出学校招牌。要举办优质课评选，以赛促评，表现优异的劳动教育教师要及时给予奖励，以先进个体或先进集体的形式进行嘉奖。通过各方面开展学校劳动教育质量检测，敦促学校劳动教育课程评价体系的完善与发展。

第二，学校要对劳动教育教师的教学情况进行评价。学校要把对劳动教育教师的评价放到与其他学科教师的评价同样的地位。同时，针对劳动教育教师的评价做多主体、多维度，多主体指的是评价主体既包括领导评价，又包括同行评价、学生评价、家长评价；多维度指的是评价内容要包括专业知识、教学技能、课堂组织、实践活动指导、师生互动情况、爱生表现等方面，真实客观地反映教师专业素养与教学面貌，以达到帮助教师完善自我、发展自我的目的，让教师感受到职业成长带来

---

❶ 马云鹏，唐丽芳. 新课程实施的现状与对策——部分实验区评估结果的分析与思考 [J]. 东北师大学报，2002（5）：124-129.

的快乐。

第三，加强教师自我评价。教师自我评价是对自我教学的一种反思，也是自我职业发展完善的一个过程。作为劳动教育教师，要多关注教育政策、多了解专业发展前沿，对自己的课程实施现状进行客观的评价，思考是否符合新时代劳动教育的目标，是否做到与时俱进、符合学生身心发展要求。教师可以通过写课后反思、教学日志、个人教学传记等途径进行自我评价，及时的反思与客观的自我评价是教师专业发展的助推器，知己知彼，方能百战不殆。

第四，完善学生课业评价标准，丰富劳动教育课程评价主体。从前面的调查中可以发现，吉林省东南部地区小学劳动教育课程评价的方式还是偏传统的单一教师评价的方式。但是，在真正科学的课程评价体系中，评价主体不仅包括任课教师的评价，还应该包括学生之间的互评、学生自己的自评、家长的评价以及社会实践机构人员的评价。评价方法方面应关注学生在劳动教育活动中的实际表现，以自我评价为主，辅以教师、同伴、家长、服务对象、用人单位等他人评价方式。通过劳动教育活动情况，收集整理相关作品，选择代表性的写实记录，纳入综合素质档案，作为学生学年评优评先的重要参考。

"教师要对学生的课堂表现、劳动态度等劳动具体情况进行详细客观评价。社会作为学生课外劳动实践的主要场所，要充分调动社会相关机构，积极参与对学生在其参与实践活动期间表现的评价。家长作为学生的第一任教师，要积极担负起学生在家庭中参与家庭家务劳动等劳动实践活动的评价责任，切实对学生的成长负责。科学的评价应该包含他人评价与自我评价，学生作为被评价的主体，其自身也应开展对自身各项劳动实践活动的评价，提升其自我认知能力。"[1] 只有做到多评价主体、全方位的评价才是对学生真正公平客观的评价，才是能促进学生劳动素养发展、劳动情感生发的好的评价。

---

[1] 王宁. 拉萨市小学劳动教育现状调查研究 [D]. 咸阳：西藏民族大学，2020.

6.2.7 做好家校社协同开展，使劳动教育真正落地生花

因为劳动教育的特殊性，要求学校、家庭以及社会参与到对学生的劳动教育中。《大中小学劳动教育指导纲要（试行）》强调，"中小学要推动建立以学校为主导、家庭为基础、社区为依托的协同实施机制，形成共育合力"。学校、家庭与社会三方既是劳动教育的主体，又是对学生实施劳动教育的场所。三方的联动与配合是劳动教育课程顺利进行、发挥效用的保障。家庭是学生劳动教育的第一场所，家长是学生劳动教育的第一位教师；学校是对学生进行劳动教育的重要指导者与实施地；而社会是学生劳动教育实践的主阵地，三方相互补充，相互配合，缺一不可。

第一，家长发挥榜样作用，配合学校对学生进行劳动教育。作为小学生，父母对他们的言传身教会起到浸入心底的作用。只有家长真正领会到劳动教育对于学生培育的价值，才会自觉地营造良好的劳动家风。家长要做到与时俱进，及时更新自己的教育观念，正确意识到劳动教育对于学生全人发展的重要作用，改正自己的"唯分数论"思想。鼓励孩子从事家务劳动，引导孩子在家中做一些力所能及的事情，如洒扫应对之事，让孩子尝试着照顾家里的植物和宠物，带孩子多去自己工作的场所或者一些实践基地，丰富孩子的劳动体验，建立孩子的劳动自信心，引导孩子对于劳动应秉持着的价值观念。不溺爱孩子、不惯养孩子，通过劳动锻炼孩子良好的品质、强壮的体质。

第二，社会要为学校劳动教育提供支持。社会要明确意识到学校中培养的是祖国未来的希望，也是社会的栋梁。小学生对劳动的态度就是未来社会对劳动的态度。社会各界应该为小学劳动教育课程提供需要的资源，尤其是在校外实践基地资源及职业感知与职业体验方面；社会中的劳动精英们也应该努力参与到劳动教学当中，用自身的光去点亮学生对劳动的崇拜之情。在劳动教育教师培训方面，当地高校也应该发挥自己的作用，体现自己的担当。作为吉林省东南部地区唯一一所大学的通化师范学院可以

从地域特色角度出发，开展一些劳动教育类的讲座或组织一些适合本地区小学劳动教育教师的培训，为当地小学劳动教育贡献出自己的一份力量。

第三，学校要带动起校、家、社的三方联动。学校是家校社协作的纽带，也是主要带动者。一方面，学校要积极倡导合作，把家长请到学校为他们开讲座、讲道理，让家长意识到劳动教育对于小学生的重要性，扭转一些家长的错误观念；另一方面，学校要积极联动社会，让社会精英走进校园分享自己的故事，让社会服务机构、企事业、工农厂敞开大门，欢迎小学生走进去。只有学校、家庭、社会三方联合起来运转，才能形成一个好的劳动教育场域，让学生在这个大场域中感知劳动的魅力与意义，为自己的全人发展之路打开大门。

参考文献

[1] 魏清. 全人教育视野下的有效教学［M］. 北京：社会科学文献出版社，2012：10.

[2] 辞海编辑委员会. 辞海：1979 年版［M］. 上海：上海辞书出版社，1980：5.

[3] 吕俊甫. 发展心理与教育全人发展与全人教育［M］. 台北：台湾商务印书馆，1982：2.

[4] MILLER R. What are school for？：holistic education in American culture［M］. Array Brandon，VT：Holistic Education Press，1997：206-207.

[5] 吕俊甫. 发展心理与教育全人发展与全人教育［M］. 台北：台湾商务印书馆，1982：导论.

[6] 张焕庭. 西方资产阶级教育论著选［M］. 北京：人民教育出版社，1979：203.

[7] 瞿葆奎，等. 中国教育改革［M］. 北京：人民教育出版社，1991.

[8] 《中国教育年鉴》编辑部. 中国教育年鉴（1949—1981）［M］. 北京：中国大百科全书出版社，1984：89，1001，1021.

[9] 拉赛克，维迪努. 从现在到 2000 年教育内容发展的全球展望［M］. 北京：教育科学出版社，1996：235.

[10] KUHLMEIER W. Leading text method. In：Terms from A to Z for practice and Theory in operation and school［M］. Verlag Kallmeyer Selze，1998.

[11] DEDERING HERZ. Introduction to the field of work apprenticeship［M］. Munich：De Gruyter Oldenbourg，2000.

[12] 顾明远. 教育大辞典：增订合编本［M］. 上海：上海教育出版社，1998：29.

［13］黄甫全，王本陆．现代教学论学程［M］．北京：教育科学出版社，2003：354．

［14］陈广奎．《论语》通释、解读与点评［M］．北京：知识产权出版社，2015：281．

［15］张宝希．治家名篇：朱子家训、训子语、小学诗、曾国藩家书［M］．广州：暨南大学出版社，2003．

［16］张岱年．中国文化概论［M］．北京：北京师范大学出版社，2017：182．

［17］MILLER J P. The Hoolistic Curriculum［M］. Toronto：Univ of Toronto Pr，2001：139-174．

［18］中国社会科学院语言研究所词典编辑室．现代汉语词典［M］.5版．北京：商务印书馆，2005：815．

［19］联合国教科文组织国际教育发展委员会．教育——财富蕴藏其中［M］．北京：教育科学出版社，1996：85．

［20］高佳，谭分全．全人教育理念下高校体育教学的实践探究［J］．体育科技文献通报，2019（7）．

［21］姜大源．刍议新时代劳动教育的时空构建［J］．国家教育行政学院学报，2020，6（43）．

［22］熊晴．指向具身认知的中小学劳动教育课程实施研究［D］．重庆：西南大学，2020．

［23］童宏保，高涵，谈丰铭．从"全人教育"到"人的全面发展"辨析［J］．中小学德育，2018（12）．

［24］刘琦．北师港浸大全人教育课程设置研究［D］．哈尔滨：哈尔滨师范大学，2020．

［25］张艳丽，李姝丽，杨森林，等．实施本科生全程导师制 实现高校师生关系新面向——以西安文理学院"课程思政工作坊"为例［J］．科教导刊，2023，3（93）．

［26］徐春喜．新时代韩语专业全人教育实施路径探索［J］．韩国语教学与

研究，2022（12）.

[27] 刘向阳. 不断寻找人生发展的动力源［J］. 河南教育（教师教育），2022（3）.

[28] 谭敏，范怡红. 西方当代全人教育思想探析［J］. 外国教育研究，2006（9）：48-51.

[29] 王凯东. 构建初中思想品德课堂学习共同体探析［D］. 苏州：苏州大学，2011.

[30] 刘云，谢少华. 全人教育以人为本的理念及其对中国教育思想的启示［J］. 贵州社会科学，2017（3）.

[31] 李珂，曲霞. 1949年以来劳动教育在党的教育方针中的历史演变与省思［J］. 教育学报，2018（5）.

[32] 郝志军，王艺蓉. 70年来我国中小学劳动教育政策的反思与改进建议［J］. 西北师大学报（社会科学版），2020（4）：125-126.

[33] 田洁. 马卡连柯劳动教育理论对我国小学劳动教育的启示［J］. 基础教育研究，2020（3）.

[34] 苏霍姆林斯基，杜殿坤. 怎样教育学生热爱劳动？［J］. 外国教育资料，1983（5）：41-47.

[35] 王北生. 对新时期劳动教育问题的再认识［J］. 教育科学研究，1987（3）：19-23.

[36] 徐海娇. 危机与重构——劳动教育价值研究［D］. 长春：东北师范大学，2017.

[37] 刘启娴. 苏联普通学校的劳动教育和技术教育［J］. 中小学管理，1988（5）：57-59.

[38] 干正. 苏联中学生的劳动教育［J］. 外国教育动态，1988（1）：50-53.

[39] 顾明远. 三论苏联普通教育的改革［J］. 外国教育动态，1984（3）：1-6.

[40] 徐长发. 我国劳动技术教育的发展［J］. 教育研究，2004（12）：

11-16.

[41] 茂祥．打开劳动教育的新天地［N］．光明日报，2019-01-29．

[42] 户晓坤．"非物质劳动"与资本逻辑——意大利自治马克思主义对政治经济学批判传统的复归［J］．教学与研究，2014（2）：84-89．

[43] 陈娟．新时代劳动教育课程的系统化建设［J］．教学与管理，2021，832（3）：88-91．

[44] 徐继存．学校课程建设的认识论问题［J］．山西大学学报（哲学社会科学版），2017（3）：136-141．

[45] 刘保存．走出"半人时代"——关于大学培养目标的几点思考［J］．学术界，2006（1）：55-62．

[46] 程民生．论"耕读文化"在宋代的确立［J］．社会科学战线，2020（6）：91-102．

[47] 刘亚玲，雷稼颖．耕读文化的前世今生与现代性转化［J］．图书馆，2021（4）：89-93．

[48] 张颖．耕读传家：论乡村振兴战略中农业遗产保护活化的文化逻辑［J］．贵州社会科学，2019（5）：28-73．

[49] 梁媛．文化传承视野下的新耕读教育模式论［J］．重庆社会科学，2017（8）：109-115．

[50] 宋岭，张华．时代挑战与未来路向：劳动教育的当代诠释与实践［J］．中国教育科学，2020（2）：41-49．

[51] 马云鹏，唐丽芳．新课程实施的现状与对策——部分实验区评估结果的分析与思考［J］．东北师大学报，2002（5）：124-129．

[52] 王宁．拉萨市小学劳动教育现状调查研究［D］．咸阳：西藏民族大学，2020．

[53] 张路路．山东省农村小学劳动教育课程实施调查研究［D］．曲阜：曲阜师范大学，2020．

[54] 杨飒．开展耕读教育——从土地和自然中汲取成长的力量［N］．光明日报，2021-03-16．

[55] 施剑松. 北京密云：村娃成了"小院士"[N]. 中国教育报，2019-08-20.

[56] 教育部. 中共中央　国务院关于全面加强新时代大中小学劳动教育的意见[EB/OL]. (2020-03-20) [2021-3-1]. http://www.gov.cn/zhengce/2020-03/26/content_5495977.htm.

[57] 北京师范大学-香港浸会大学联合国际学院官方网站[EB/OL]. (2016-04-18) [2021-1-26]. https://www.uic.edu.cn/about_us/htm.

[58] 人民网. 习近平在全国教育大会上强调：坚持中国特色社会主义教育发展道路　培养德智体美劳全面发展的社会主义建设者和接班人[EB/OL]. (2018-09-11) [2020-05-13]. http://edu.people.com.cn/n1/2018/0911/c1053-30286253.html.

[59] 中国政府网. 中共中央　国务院关于深化教育教学改革全面提高义务教育质量的意见[EB/OL]. (2019-07-08) [2021-3-24]. http://www.gov.cn/xinwen/2019-07/08/content_5407361.htm.

[60] 教育部. 教育部关于印发《大中小学劳动教育指导纲要（试行）》的通知 (2020-07-09) [2021-1-23]. [EB/OL]. http://www.moe.cn/srcsite/A26/jcj_kcjcgh/202007/t20200715_472808.html.

[61] 教育部. 教育部关于印发《职业教育专业目录（2021年）》的通知[EB/OL]. (2021-03-17) [2021-4-1]. http://www.moe.gov.cn/srcsite/A07/moe_953/202103/t20210319_521135.html.

附　　录

附录1　中国吉林省东南部地区小学劳动教育类课程实施情况调查问卷（教师）

尊敬的老师：

　　您好！感谢您在百忙之中抽时间填写这份问卷，我是通化师范学院小学教育专业的教师。此问卷主要是为了了解现阶段吉林省东南部地区小学劳动教育课程类实施情况，此问卷不记名，对问卷调查的结果仅用于个人研究，不会对您的信息进行公开，请您放心如实地填写，填写过程中请您看清题目，不要有遗漏。非常感谢您对本次调查工作的理解和支持！

　　此问卷每题只有一个答案，题末标注"可多选"的可选一个或多个选项，请根据您的实际情况在括号里填写答案或在相应选项上画"√"，填空题及最后一题请您在横线上填写您的答案。

第一部分　基本信息

1. 您所在学校：_____。
2. 您的性别（　　）。
   A. 男　　　　　　B. 女
3. 您的学历（　　）。
   A. 专科　　　　　B. 本科　　　　　C. 硕士及以上
4. 您的年龄（　　）。

A. 30 岁以下　　　　　　　　　B. 30~40 岁

C. 41~50 岁　　　　　　　　　D. 51 岁以上

5. 您是否专任劳动教育类课程教师？（　　）

　A. 是　　　　　B. 否

注：问卷部分借鉴了张路路在《山东省农村小学劳动教育课程实施调查研究》中的调查问卷，并结合本研究进行了修改。

6. 如果您是兼任劳动教育类课程教师，您的专任教育课程为（　　）。

　A. 语文　　　　　B. 数学　　　　　C. 英语

　D. 音乐　　　　　E. 体育　　　　　F. 美术

　G. 科学　　　　　H. 心理健康教育　I. 信息技术

　J. 社会　　　　　K. 其他

7. 您任劳动教育类课程教师的时间（　　）。

　A. 不满 1 年　　　　　　　　B. 1~3 年

　C. 3 年以上

8. 您所在的学校属于（　　）。

　A. 市属公立小学　　　　　　B. 市属私立小学

　C. 乡村小学

9. 您任教的学段是（　　）。

　A. 低年级段（1~2 年级）　　B. 中年级段（3~4 年级）

　C. 高年级段（5~6 年级）

第二部分　课程开设情况

10. 您所在学校劳动教育类课程的开设方式（　　）。

　A. 单独开设劳动教育类必修课程

　B. 单独开设课程但未设为必修课程

　C. 在综合实践活动课程中进行劳动教育

　D. 其他_____

11. 您所在学校劳动教育类课程的每周课时安排（　　）。

    A. 每周一节　　　　　　　　　B. 每周两节

    C. 每周三节及以上　　　　　　D. 平均每周不到一节

12. 您所在学校开设劳动教育类课程的年级为（可多选）（　　）。

    A. 一年级　　　B. 二年级　　　C. 三年级

    D. 四年级　　　E. 五年级　　　F. 六年级

第三部分　课程认识情况

13. 您认为劳动教育类课程重要吗？（　　）

    A. 非常重要　　　B. 比较重要　　　C. 一般

    D. 较不重要　　　E. 非常不重要

14. 您所在学校对劳动教育类课程的重视程度（　　）。

    A. 非常重视　　　B. 比较重视　　　C. 一般

    D. 较不重视　　　E. 非常不重视

15. 您所教年级学生家长对劳动教育类课程的重视程度（　　）。

    A. 非常重视　　　B. 比较重视　　　C. 一般

    D. 较不重视　　　E. 非常不重视

16. 您认为通过劳动教育类课程可以提高学生的哪些能力？（可多选）（　　）

    A. 劳动能力　　B. 身心健康　　C. 智力　　D. 道德素质

    E. 艺术感知能力　F. 社会适应能力　G. 与人交往能力

17. 您认为学校开展劳动教育与学生全面发展之间的关系（　　）。

    A. 劳动教育有利于学生的全面发展，有利于学生的德智体美劳均衡发展

    B. 劳动教育不利于学生的全面发展，会阻碍其他方面的学习和进步

    C. 没有什么关系

    D. 没有什么想法

第四部分　课程实施情况

18. 您所在学校选择劳动教育课程目标的依据是（可多选）（　　）。

　　A. 课程标准　　　B. 教材内容　　　C. 学生需求　　　D. 考核要求

19. 您所在学校劳动教育类课程目标的维度从哪些方面设置？（可多选）（　　）

　　A. 培养基本劳动情感　　　　　　B. 养成劳动习惯

　　C. 培养基本劳动能力　　　　　　D. 培养学生全面协调发展

20. 您所在学校劳动教育类课程的主要内容有哪些？（可多选）（　　）

　　A. 家务劳动　　B. 劳动技能　　C. 社会服务

　　D. 劳动情感　　E. 考察探究　　F. 专题活动

　　G. 职业体验　　H. 其他_____

21. 您所在学校开展的劳动教育类课程具体内容有哪些？（可多选）（　　）

　　A. 家政　　　　　B. 烹饪　　　　　C. 传统工艺

　　D. 技术实践　　　E. 校内劳动　　　F. 社会公益

　　G. 志愿者服务　　H. 勤工俭学　　　I. 学军

　　J. 学工　　　　　K. 学农　　　　　L. 其他职业体验

　　M. 社会考察　　　N. 自我认知　　　O. 传统节日活动

　　P. 场馆实践活动　Q. 其他_____

22. 您所在学校选用的劳动教育类课程教材是（　　）。

　　A. 国家规划教材　　　　　　　　B. 行政委或教指委统编教材

　　C. 地方推荐建材　　　　　　　　D. 校本教材

　　E. 无教材

23. 您所在学校开展劳动教育类课程的教学场所有哪些？（可多选）（　　）

　　A. 教室　　　　　　　　　　　　B. 校外劳动实践基地

　　C. 专门的劳动教育课程教室　　　D. 校内劳动实践场所

E. 其他_____

24. 您所在学校有哪些劳动实践基地？（可多选）（   ）

   A. 农业基地　　　B. 工业基地　　　C. 商业基地

   D. 养殖基地　　　E. 志愿服务基地　F. 活动场馆基地

   G. 没有基地

25. 您所教的年级学生每学期去劳动实践基地的次数是（   ）。

   A. 0次　　　　　B. 1次　　　　　C. 2次　　　　　D. 3次及以上

26. 您所在学校的劳动教育类课程设计模式是（   ）。

   A. 依照教科书进行课程设计

   B. 根据学校及地域特点进行特色课程设计

   C. 参照其他学校课程进行课程设计

   D. 由任课教师自行设计

   E. 其他_____

27. 您所在学校劳动教育类课程使用哪些基本教学方法？（可多选）（   ）

   A. 讲授法　　　　　　　　　　B. 谈话法

   C. 读书指导法　　　　　　　　D. 练习法

   E. 演示法　　　　　　　　　　F. 实验法

   G. 实习作业法　　　　　　　　H. 讨论法

   I. 研究法　　　　　　　　　　J. 启发法

28. 您教学时主要采用的教学方式是（   ）。

   A. 讲授式为主　　　　　　　　B. 启发式为主

   C. 合作式为主　　　　　　　　D. 体验式为主

第五部分　课程问题情况及学生课业评价情况

29. 您所在学校评价学生劳动教育类课业的主体主要是（可多选）（   ）。

A. 任课教师　　　　B. 学生　　　　C. 家长　　　　D. 社会人员

30. 您对学生课业评价的主要依据是（可多选）（　　）。

A. 文字作业　　　　　　　　　　B. 劳动作品或成果

C. 参与活动态度　　　　　　　　D. 课堂活动表现

E. 其他_____

31. 您对学生进行课业评价的主要方式是（可多选）（　　）。

A. 书面考试　　　B. 交文字作业　　　C. 实际操作测验

D. 劳动作品或成果展示　　　　　E. 劳动档案记录

F. 学生自评与互评　　　　　　　G. 其他_____

32. 您每学期参与劳动教育课程或活动的相关教师培训的次数是（　　）。

A. 0次　　　　B. 1次　　　　C. 2次　　　　D. 3次及以上

33. 您认为学校劳动教育类课程存在最大的问题是（　　）。

A. 课时安排太少，常被占用　　　B. 学校不够重视

C. 缺乏专业指导　　　　　　　　D. 课程资源不足

34. 您认为改进劳动教育类课程最应该采取什么措施？（　　）

A. 增加课时　　　　　　　　　　B. 扩充课程资源

C. 增加相关教师培训　　　　　　D. 社会各方和学校增强支持

35. 您对自己的劳动教育类课程教学工作？（　　）

A. 非常有成就感，非常有工作积极性

B. 有一定的成就感，有工作积极性

C. 没有工作成就感，但有工作积极性

D. 没有工作成就感，也没有工作积极性

36. 您对所在学校的劳动教育类课程实施情况有何建议？

_____

_____

_____

再次感谢您的支持与配合！

附录 2　中国吉林省东南部地区小学劳动教育类课程实施情况调查问卷（学生）

亲爱的同学：

你好！谢谢你可以参与本次调查，我是通化师范学院小学教育专业的教师，此调查主要是为了了解现阶段吉林省东南部地区小学劳动教育类课程实施情况。问卷不记名，答案没有对错之分，本次调查的结果仅用于个人研究，会对你的信息进行严格保密，请你根据自身实际情况如实填写即可，填写过程中请看清题目，不要有遗漏。再次感谢你的支持和理解！

（劳动教育类课程主要是指培养学生劳动情感、劳动技能及劳动习惯等方面的课程，各个学校命名的方式不尽相同，例如，有的学校以《劳动课》命名，有的学校以《劳动技术课》命名，还有的学校将劳动教育依托在《综合实践活动课程》中进行，这些都属于劳动教育类课程，在我们的调查范围之内。）

第一部分　基本信息

此部分请根据你的实际情况在括号里填写答案或在相应选项上画"√"。

1. 你所在学校校名：＿＿＿＿＿＿＿＿。
2. 你的性别（　　）。
   A. 男　　　　B. 女
3. 你的年级是：＿＿＿＿＿＿＿年级。
4. 你的年龄是：＿＿＿＿＿＿＿岁。

第二部分　劳动教育课程实施相关情况

每题只有一个答案，题末标注"可多选"的可选一个或多个选项，请根据你的实际情况在括号里填写答案或在相应选项上画"√"，最后一题请你在横线上填写你的建议。

课程认识

5. 你认为劳动是一件光荣的事吗？（　　）

  A. 光荣　　　　　B. 不光荣　　　　C. 一般　　　　D. 不清楚

6. 你认为劳动教育类课程重要吗？（　　）

  A. 重要　　　　　　　　　　　B. 一般

  C. 不重要　　　　　　　　　　D. 不清楚

7. 你认为学校开设的劳动教育类课程对你的成长有促进作用吗？（　　）

  A. 起着很大的作用

  B. 有作用

  C. 有点作用

  D. 作用不大

  E. 不起作用

8. 你认为开设劳动教育类课程会给其他科目的学习带来什么影响？（　　）

  A. 劳动教育的学习进一步提高了对其他科目学习的兴趣，促进了各科的学习

  B. 劳动教育课程夺走了我的学习时间，妨碍了其他科目的学习

  C. 没什么影响

9. 你认为通过劳动教育类课程提高了你哪些方面的能力？（可多选）（　　）

  A. 提高劳动能力　　　　　　　B. 提高表达能力

C. 提高问题解决能力   D. 掌握更多知识

E. 增加对学习的兴趣   F. 调整心态

G. 提高了与人交往的能力   H. 其他_____

10. 你所在学校的劳动教育类课程一周进行几节？（　　）

A. 每周一节   B. 每周二节

C. 每周三节及以上   D. 平均每周不到一节

11. 你们的劳动教育类课程主要在哪里进行？（可多选）（　　）

A. 教室   B. 校外劳动实践基地

C. 专门的劳动教育课程教室   D. 校内劳动实践场所

E. 其他_____

12. 你希望劳动教育类课程主要在哪里进行？（　　）

A. 教室   B. 校外劳动实践基地

C. 专门的劳动教育课程教室   D. 校内劳动实践场所

E. 其他_____

13. 你们学校有专门的劳动教育类课本吗？（　　）

A. 有   B. 没有   C. 不清楚

14. 你们的劳动教育课程教师主要采用以下哪种方式上课？（　　）

A. 教师讲我们听   B. 教师启发我们

C. 合作学习   D. 教师带我们体验不同活动

E. 教师让我们自己活动

15. 你喜欢劳动教育类课程教师的授课方式吗？（　　）

A. 喜欢   B. 一般

C. 不喜欢   D. 不清楚

16. 完成劳动教育课教师布置的任务时，你和同学们一般使用的方式是（　　）。

A. 个人独立完成   B. 小组合作完成

C. 和家长一起完成   D. 以上方式都有

17. 你喜欢劳动教育类课程吗？简单说一下理由。
_____
_____
_____
_____

再次感谢你的支持与配合！

附录 3　教师访谈提纲

访谈对象基本信息：
姓名：　　　任教科目：　　　教龄：　　　学历：　　　职务：

第一部分　劳动教育认识

1. 您所理解的"劳动教育"中的"劳动"是怎样的内涵？
2. 2020年3月20日中共中央、国务院发布了《关于全面加强新时代大中小学劳动教育的意见》，2020年7月7日教育部印发了《大中小学劳动教育指导纲要（试行）》。您对这两个政策文件有了解和学习过吗？对于劳动教育的最新动向了解吗？

第二部分　劳动教育课程实施

3. 您所在学校是什么时候开设单独的劳动教育必修课程的？
4. 您认为小学阶段劳动教育课程的目标和内容应该包括哪些？
5. 您所在学校是否有劳动教育课程专用教材，是自编的还是选用的？
6. 您通常采用什么教学组织形式开展劳动教育课程？采取哪种教学方式方法？其中教学效果较好的有哪些？
7. 您认为劳动实践基地重要吗？您所在学校的劳动实践基地情况如何？

第三部分　师资情况

8. 您认为学校的劳动教育课程师资力量如何？存在哪些问题？需要如何改进？

第四部分　劳动教育课程现状评价

9. 您是如何进行劳动教育课程评价的？您所在学校有哪些劳动教育课程评价方式？

10. 您所在学校对于劳动教育课程教师有什么考评办法吗？

11. 劳动教育课程开设后，在学生素养等方面取得了哪些成绩和效果？

12. 您认为您所在学校劳动教育课程是否有独特性？包括哪些？

13. 您对您的教学活动是否感到满意？如果满意，您觉得哪些方面成效显著？如果不满意，您认为哪些方面存在问题？

14. 您所在学校的劳动教育课程开展过程中遇到的阻力和难点是什么？